この世が危ない！

江原啓之

集英社

まえがき

この世が危ない！

世の中の多くの人が、この時代を生きることに大きな不安を抱えているように思います。それもそのはず、最近ではウクライナ紛争、北朝鮮のミサイル発射といった事態に対して曖昧な方針しか示せない日本政府。とくに日本政府への不信感は日ごとに募っているように思います。

安倍元首相暗殺事件は、山上被告の旧統一教会（世界平和統一家庭連合）に対しての家族崩壊の恨みが動機と報じられました。なぜ安倍元首相に恨みが向けられたのかといえば、旧統一教会を日本に誘致したのが、安倍元首相の祖父にあたる岸信介であり、孫の安倍元首相や自民党議員たちは、今でも教団とつながっているという事実が判明したため、家族崩壊の責任があると判断したからだといいます。しかしそれでも真実を明白にしない自民党や政府。その曖昧さは国民の不信感へとつながりました。

政府への不信はすべてに通じ、コロナ対策においても同様です。とくにワクチンにおいては、副反応被害者がその苦しみを訴えても真摯《しんし》に向き合わず、挙句の果てに自身に批判の目を向ける者や副反応に苦しむ国民、ワクチン副反応で家族を失ったのではと調査を訴える人に対してまでも、自身のツイッター（現在はX《エックス》）への書き込みを「ブロック」するという、公僕として信じがたい傲慢な態度を示す政治家までいました。また理論的にワクチンの危険性を指摘する医学者に対してはデマゴーグとまで言及するケースもありました。データによってその危険性を指摘するユーチューブチャンネルにおいては、配信を停止するという、驚くような言論統制が行われ、「これでは戦時中と変わらない暴挙だ」と多くの人が言及しています。

また、国防の礎とされる国民の食問題においては、日本の農業や酪農を崩壊させようとしているのではないかと疑うほどの、首をかしげたくなることまで。この国の真実を知ろうとすればするだけ、信じがたい思いになるのです。

陰謀論という言葉が、これほどまで世の中のそこかしこで表現される時代も少ないと思います。しかし、その陰謀論を陰謀「論」と揶揄《やゆ》し一笑に付すこともできないのが昨今の現状です。なぜなら前述したように、どう考えても売国奴と言い得て妙と思われる行動が、あまりにも多いからです。今は不信の時代と言えるのではないでしょうか？　この本の筆者である私自身も、この世を憂えて、原因を追究すればするほど、理解に苦しむような情報ばかりが飛び込んできます。

冷静に判断したとしても、陰謀論ではなく、これはまさしく〝陰謀〟であると考えてしまうほど、この世は、「今だけ・金だけ・自分だけ」という欲の闇に覆われているように感じます。

交霊会

そこで今回、私は交霊会を行い、霊界の声に耳を傾けました。それは、軽々しいことではありません。

霊界通信はこれまでにもして参りましたが、霊界は依存を許しません。なぜならば生きているのは、現世の者であり、あくまで現世主体なのです。

よく「霊能があるならば、なんでも霊界に聴けば良いのでは？」と、理解の浅い者は言いますが、私たちは霊界の操り人形ではないのです。私が霊能者としての訓練を積み、指導霊である昌清霊《まさきよれい》と交霊をするようになってからも、昌清霊は余計な口出しを一切しませんでした。私が人生の岐路に立ち、どのようにしたらよいか問いかけたときでさえ、具体的な助言は何もありませんでした。「すべてはお前の人生じゃ。わしらが指図すれば、お前の人生ではなくなる」「できるときはできるのじゃ。ダメなときはダメなのじゃ」記憶にあるのはこうした広い励ましの言葉だけです。

私たちは自由意志を持って、現世に生まれてきました。ですから責任主体により、自身で悩み考え抜いた末でなければ、霊界は答えてくれません。「ぬし（あなた）の世なのだから」と。軽々しい甘えは許されないのです。

これまでにも私は、『子どもが危ない！』（集英社刊）という書籍で提言しましたように、なぜこのような時代になったのかを研究しました。そして『いのちが危ない！』（集英社刊）により、いのちの大切さと自殺の不毛を提言しました。また『あなたが危ない！』（ホーム社刊）という書籍では、食や様々な理由により、人が壊れていくことを危惧し、その原因を示しました。

そして今……。

「この世が危ない！」と提言します。

今回の書籍では、混迷する時代に光を当てて、多くの人が抱える不安に言及しました。

とくに第2章では、この闇に対して、どのように立ち向かい生きていけばよいのかを、霊界に問いました。そして私にはどうしても信じがたいこの世の闇に対しても、その真偽の回答を得ました。

それらを踏まえて、読者のみなさんと霊界の叡智《えいち》を共有し、これから私たちが生きる幸せの道を、提言させていただきました。

本書が、みなさんの心の闇に光を照らせたら幸いです。

光明遍照

目次

まえがき　1

第1章　この世の闇を知る

足元を照らそう……………14

食料危機…………17

すぐにでも食料はなくなる 17　奪い合う時代 20　安全に食べられる食品がない 23
対策はコオロギ食!? 26　コオロギ食の前にできることはないのか 27
食料危機を招いたのは誰？ 30　ロシアにも見習うべきところがある 33
八方ふさがりの中の抵抗 35

有事と戦争……37
台湾有事の危険性と現実 37　戦争がこの世からなくならない理由 39　日本は属国 41
原発……43
原発がなければ停電するのか 43　原発以外の何だったらいいのか 46
環境・気候変動……48
SDGsは玉虫色のビジネス 48　人間は地球を汚しすぎる 50　気候変動の不安と温暖化 51
富とグローバリズム……53
グローバル企業に買われる命 53　富と支配の狂気 55
医療……57
直感とデータで知るパンデミックの闇 57　自分の命に対する責任 60
ワクチン接種の不安 61　命乞い医療に対する疑問 63

第2章　霊界に問う

霊界からのメッセージとは……68
はじめに……70

この世の闇とは……72
善と悪、正しい生き方とは……79
病、原発、ワクチン、私たちが被る様々な痛手……86
食の安全と食料危機……97
コオロギ食推進の真実……102
気候変動と食……107
地球温暖化は本当にあるか……109
日本が売られる本当の理由……113
世界はひとつという考え方……117
国同士の摩擦、有事と戦争の可能性……120
富士山噴火と祈り……126
日本の資源の行方……128
陰謀論から得る気づき……130
霊界と私たちについて……133
未来への不安を問う……138

第3章 幸せになるための道

運命を拓く……148
幸せになる責任 148 自分に問う五つの神域 149
自分の神域……152
人生の歓びはなんですか 152 日々の歓びを持っていますか 155 どのように死にたいですか 157
食の神域……159
何を食べますか 159 食べ物をどうやって得ますか 162
心の神域……165
生きやすいところはどこですか 165 実りの歓びを持っていますか 167
肉体の神域……168
自然に生きていますか 168 生命力を意識していますか 171 自分を大切にしていますか 173
たましいの神域……176
たましいの視点を持っていますか 176 自分だけの宗教がありますか 178
補い合う気持ちがありますか 182

未来をつくる……183
人生、転んでいい 183
私たちは少しずつ成長している 187
この国に生まれた意味 190
運命の法則の使い方 192
陰謀論との向き合い方 195
本当の意味での感謝を持つ 197
生きる自由を守る 201

参考図書 204

この世が危ない！

第1章

この世の闇を知る

足元を照らそう

本書の第1章では、この世で何が起きているのか、その具体的な問題と私たちの不安に光を当てていきます。闇の中を闇雲に歩けば怖いだけですが、足元を照らせば、不安解消への道筋をどうつければいいのかが見えてくるはずだからです。

かつて日本は平和ボケなどと言われていましたが、今の日本に「平和でいい時代だ」と思っている人はいないでしょう。ただですら物価が高騰し、日々の家計をどうやりくりしようかと頭を悩ませている方も多いはずです。

「今日のことで精一杯。不安が大きくなるばかりだから、これ以上考えたくない」と思う人もいるかもしれません。まるで深い闇の底をのぞき込むのが怖いように。

しかし不安の元ときちんと向き合わなければ、その不安は解消されません。『あなたが危ない!』で、ストレスをきちんと言葉化し、分析しなければ、いつまでたってもストレスはなくならないと申し上げましたが、それと同じです。

たしかに闇を知れば、今の私たちに迫っている危険も知ることになります。そして、それを回避するためには一刻の猶予もないことも。

「そんな恐ろしいことなど聞きたくない」とおっしゃる方もいるでしょう。ただ今を楽しく生きたいと。

しかし、「考えたくない」「聞きたくない」でずっと過ごし、いざとなったときにあたふたする。それでいいのでしょうか。

私の本を手に取ってくださったということは、あなたはあの世の存在を信じているのだと思います。だとすれば、闇から目を背け、不都合な真実を聞かずにこの世を去ったとき、あの世で自分は何を思うのかと想像してみてください。

あの世ではすべてが明白になります。「事実と向き合うチャンスがあったのにしなかった。もっとできることがあったはずだ」と、後悔しませんか？

『子どもが危ない！』を世に出したのは二〇〇四年ですが、今の社会は、あの本で問題提起したことを放置した、その成れの果てと言わざるを得ません。

まるでフランケンシュタインのように主体性が欠如した人、人としての感性が育まれないまま成長した大人が増えました。便利さばかりを追求し、物質信仰を続ける社会はあの頃と変わらないまま、いえ、いっそう顕著になり今に至ります。

「あの本はまるで予言書だ」とおっしゃる方も少なくありませんが、そうならないようにと提言したのに、自分も含め不甲斐ない思いがいたします。

スピリチュアリズムには幸せに生きるために必要な、八つの法則があります（八つの法則についての詳細は『スピリチュアルな人生に目覚めるために』〔講談社文庫刊〕ほか私の著書をご参照ください）。その中の一つ「運命の法則」は、「未来は決まっておらず、運命は自らの手で切り拓くものである」というものです。

『子どもが危ない！』が予言書だと言うのならば、私たちは運命の法則を使わず、未来を切り拓かないまま、生きてきたことになるでしょう。

もちろんここから先の未来も決まってはいません。「賢者は歴史に学び、愚者は経験に学ぶ」と言うように、検証は必要ですし、大事なのはそこから学ぶことでしょう。そして今を見つめ、おかしいことはおかしいと気づくこと。少しでも現状を変えていくための行動が大切なのです。

とくに《食料危機》《有事と戦争》《原発》《環境・気候変動》《富とグローバリズム》《医療》は、一刻の猶予もない問題と考え、本書で取りあげます。早速、これら六つの問題に光を当てていくことにしましょう。

食料危機

すぐにでも食料はなくなる

「食料危機なんて来るわけない」

そうおっしゃる方は、少なくありません。でもその根拠を尋ねると、答えることができない方もまた多い。「だってスーパーマーケットには毎日、ちゃんと商品が並んでいるじゃない」と。それは過信です。

想像してみてください。国内で大きな災害が起きて、道路が寸断されたり、停電が起きたりすれば、物流が滞ります。新たな商品の納入がないのですから、スーパーマーケットの在庫は尽き、すぐさま棚は空になるでしょう。

国内の一部が被災しただけならば、他の地域から融通してもらえますから、復旧や支援を待ちながら数日間だけ我慢すればいいかもしれません。

でも、それが有事、戦争、地球全体の気候変動による不作など、世界規模で起こったらどうですか？　調達先、支援してくれる相手はそう簡単には見つからないでしょう。

日本の食料自給率はカロリーベースでたったの三八パーセント。残りは輸入頼みです。仮に日本の近隣諸国で有事が起きて、海上封鎖が起きるなど輸入がストップすればどうなるか。あっという間に日本は兵糧《ひょうろう》攻めです。

「お金を出して他の国に売ってもらえばいい」と思うかもしれません。「ほら、冷夏でお米が不作だったとき、タイ米を輸入したじゃない？」と。たしかに一九九三年、記録的な不作で国内の米が不足したとき、日本はタイ米をなんとか輸入できました。

でも世界情勢が不安定な状況だったら？　自国だって食料がいつまで保《も》つかわからないとき、他国に売る国があるでしょうか。

最近でもロシアのウクライナに対する軍事侵攻の影響で、ロシアやウクライナから各国への小麦の供給が減少。世界各国が新たな小麦の調達先を探す中、インドが自国の小麦の安定供給を守るために輸出を停止すると報道されました。結果として小麦価格は高騰。あなたが食べるパンの値段が上がっているのは、そのせいでもあるのです。

そのうち、食料を買い占める国が出てくるかもしれません。自国民の食料確保のためだけでなく、他国との交渉材料に使うために。

では、国内で作っているお米や野菜、牛乳、卵なら大丈夫だと思いますか？とんでもない。農作物の栽培に必要な肥料はもちろん、種《たね》そのもの、酪農で必要なエサ、養鶏のヒナも、実は輸入頼みの日本です。

実際にそれらの価格は上昇していて、農家も酪農家も困っています。もし他国から「もう輸出はしません」と言われたら、終わりです。

テレビのニュース映像などを見て、牛乳は捨てるほどあると思っている人もいるかもしれませんが、そう決めつけるのは早いでしょう。

バターやチーズなどの乳製品や脱脂粉乳は、多くが輸入です。貿易交渉で決まった枠組みがあって、なぜか日本は義務ではないのにもかかわらず、輸入枠の全量を輸入し続けています。一方、国内の生乳は、あっちが足りないからこっちへなどと融通したり、量を調整したりするのが難しい生鮮品です。それなのに増産しろと言ったり、牛乳を搾《しぼ》るなと言ったり、国の方針は二転三転し酪農家は振り回されっぱなし。加えて消費者のニーズと国の政策は合わず、国内での消費や加工にうまく活用できないまま、結果的にせっかくの牛乳が捨てられているのです。

昨今、食品の価格が上昇していますが、お金を出して買えるうちはまだいいでしょう。たった三八パーセントの食料自給率ですら実は輸入に支えられているのだとしたら、先々どうなるのか。

しかも「もうやっていけない」と廃業する農家や酪農家が今でも出ているのに、この先もっと生産者が減ったら?

食料危機は、現実化していると言えませんか。

奪い合う時代

今、現実化している食料危機は二通り。

ひとつは前述のように、少ないながら食料はあるけれど、価格が高騰すること。庶民がなかなか食料を買えなくなる食料危機です。

もうひとつは気候変動などで作物が今までのように育たないなど、食料そのものが不足することです。海水温が上がって、魚が棲める環境が減り、個体数が少なくなったりすることもあるでしょう。

日本だって、昔よりもずっと夏は暑く、日照りが続いたかと思えば、五〇年、一〇〇年に一度と言われるような大雨にも見舞われています。

農作物が異常気象で育たない、ようやく育ったのに全滅したというニュースも珍しくなくなりました。今まで南の海域で獲れていた魚が、北のほうで獲れるようになったりするのはまだいいとして、獲りすぎによって個体数が減ってしまったものもあるでしょう。

一度減ったものは、回復するのに何年もかかります。今やマグロのお刺身を食べるのは日本人だけではありませんし、サンマの塩焼きは中国でも人気なのだとか。

売れるとわかれば、いろいろな国が獲るようになります。そういう意味では食料の争奪戦も始まっています。

食料不足が深刻化すれば、もっと身近なところで食料を奪い合うようなことも起きるかもしれません。

かつて戦時中や戦後直後の日本では、お米と着物を交換するということがありました。配給だけでは家族が食べられず、困った都会の人が、田舎の農家を訪ねていって自分の大事な着物とお米を交換してもらったのです。

でもこれからは、農家だって交換したくてもできない時代になるかもしれません。輸入が止まって種や肥料が手に入らず、異常気象で作物も育たないとなれば、いくらお金を積まれたって、交換できません。そもそもの作物がないからです。

私が危惧するのは、わずかに育った野菜を誰かが畑から盗むような時代になることです。私自身、少量ですがお米や野菜を自分の畑などで栽培しています。そこで作物を盗まれないように有刺鉄線や電気柵を張り巡らせるだなんて、できればしたくありません。恐ろしく、浅ましい光景ではありませんか。

日本人は震災のときでさえ、いつ開店するかわからないコンビニエンスストアやスーパーマーケットの前できちんと行列を作り、待っているような国民性があります。

海外ならば略奪でも起こりそうなのに、日本人は列に並び、「早く開くといいね」と前後の人と話しながら待つ忍耐強さと寛容さがある。それは「略奪だなんていう行為は恥ずべきことだ」と、自分を律する気持ちがある民族だからでしょう。

食料危機になっても、その国民性が保たれることを信じたいですが、果たしてどうなるでしょうか。

安全に食べられる食品がない

もうひとつ、隠れた食料危機があります。

それは農薬や食品添加物入りの食品が増え、「安全に食べられる食品がない」という食料危機です。

一見すると食料は不足していないように思えるほど、お店には物がある。でもそれが農薬まみれの野菜だったり、添加物がたっぷり入った加工食品ばかりだったりしたらどうでしょうか。

『あなたが危ない!』でも述べましたが、フィジカルとスピリチュアルは両輪です。安全でないものを食べ、体に影響が出て、思考や感情、ひいては人格にまで影響するとしたら、それでもあなたは食べますか？

虫食いのない、見た目がきれいな野菜を大量かつ安定的に栽培するには農薬が使われます。

病害虫に強い品種となるよう、遺伝子組換えで作られた大豆やトウモロコシは当たり前に輸入されています。私たちが直接食べるものだけでなく、家畜のエサとなる大豆やトウモロコシなども同様に遺伝子組換えの品種が海外から入っています。

肉厚の鯛や、特定の栄養素が豊富に含まれたトマトなどのゲノム編集食品が開発され、流通が始まっています。

「ふつうの鯛よりも大きいからたくさん食べられる」とか、「栄養素がより豊富だなんて素晴らしいトマトだ」とか、まるでいいことずくめのように報道されます。しかし遺伝子そのものを操作した食品を食べることに不安を抱くのは、私だけではないはずです。

しかも二〇二三年四月から食品表示の制度が変わり、今までは許されていた「遺伝子組換えでない」という表示ができにくくなりました。これからどんどん、原材料表示欄から「遺伝子組換えでない」「非遺伝子組換え」といった表示は消えていくでしょう。

ゲノム編集食品に至っては、その表示義務すらありません。私たちは、どんな食品かを見極めて、選ぶこともできないのです。

多くの加工食品には、色をきれいに見せるために、味を均一にするために、あるいは賞味期限を長くするために添加物が使われます。

私は添加物が入っていない食品をなるべく選んで食べるようにしていますが、そのような生活になってから、味覚が敏感になりました。ごくたまに添加物が入っているものを口にすると、「味が違う」とわかったり、いつもよりのどが渇いたりするなど、体調にも変化が出るようになったのです。

遺伝子組換えやゲノム編集は遺伝子レベルですから、将来にわたって体にどんな影響があるのだろうと考えると、不気味です。私たちが口にしているものが、すでに危ういものだとしても、見た目や味では気づかないかもしれません。

食料はあるのに安全に食べられないことも含め、私たちの食はいろんな意味で、綱渡り。すでにこの世は食料危機なのです。

対策はコオロギ食⁉

「食料危機なんて、言葉であおっているだけでしょ？」と思っていた人たちも、コオロギ食が話題になって、ようやく「あれ？　もしかしてそろそろ……」と、気づいたのではないでしょうか。

昆虫食は、家畜に代わるタンパク源として食料危機対策の鍵になると、大学や企業で研究開発されているものです。その代表がコオロギ。

食品も扱う雑貨ブランドがパウダー状にした養殖コオロギを入れたせんべいを、有名なパンメーカーはコオロギパウダー入りのパンを、すでに販売しています。

牛や豚といった一般的な家畜に比べて、養殖時のエサや水、温室効果ガスの排出量が少なく、かつ高タンパクでミネラルも豊富だとされ、コストパフォーマンスのいい食材と言われているコオロギ。コオロギを食材とすることに違和感や嫌悪感を持つ人たちに、各社がアピールするのは「地球にやさしい」とか、「未来のことを考える」とか、「栄養価が高い」などです。

「世の中はＳＤＧｓ（持続可能な開発目標）でしょ？　持続可能な社会を考えなければなりませんよ。だって食料危機なんですから」まるで、そんな圧力をかけられているようです。

今はまだコオロギという表示がありますが、「クリケット」と英語読みで表記されたら、もうなんだかわからないでしょう。見た目だって、パウダー状なのですから入っていることもわからない。

日本には、イナゴの佃煮を食べる文化もあります。でも、それとは別物です。長年食べられてきて、それとわかるものを自ら選んで食べるイナゴと、今まで食べるものではなかったのに、形を変えて様々な食品に加工されてしまうコオロギとではまったく違うのではないでしょうか。

しかも漢方医学では、コオロギはとくに妊婦には禁忌だとされているとか。そんなものをわざわざ食べる必要があるのかとすら思えてきます。

コオロギ食の前にできることはないのか

それにしてもなぜ、コオロギなのでしょうか。

将来のために研究するのはまだわかるとしても、こうも簡単に流通させる前にすべきことがたくさんあるのではないかと思います。

養殖コオロギのエサは、大豆やトウモロコシだそうですね。昆虫のエサにするくらいなら、その大豆やトウモロコシを人間の食料にしたらいいのではありませんか？　大豆だって重要なタンパク源なのですから。

コオロギ食と聞いて、違和感や嫌悪感を持つ人は多く、有名パンメーカーのコオロギパンも話題となるやいなや、ネットで〝炎上〟。企業イメージが悪くなって、株価だって下がりそうなのに開発は止まりません。

たくさんの矛盾があるのに推し進めるのは、国から多額の補助金が出ているからだとか、裏で大きな力が働いてビジネスになっているからだとか、陰謀論まで出る始末。

でも研究している大学やメーカー、もっと言えば国を攻撃したり、陰謀論と片づけてしまったりするよりも、もっと自分たちの足元を見るべきではないかと、私は思います。

どんなときも自己憐憫、責任転嫁、依存心は不幸を招きます。

なんでこんなものを食べなきゃいけないんだ、企業が悪い、国がしっかりしていないからだ、もっと安心できるものを作ってくれ。これでは何も解決しないということです。

ひとつの食品を手に取るときでも、「農薬は？　添加物は？　何からできているの？」とまずは確認するだけでも違います。

「表示すらよくわからない」「書いてあっても安全かまではわからない」と言うなら、もう一段階、進みましょう。

今は情報社会なのですから、自分でどんどん情報を取りにいけます。インターネットやSNSはこういうときこそ利用するべきでしょう。専門家の方々が発信している情報を、自分で取りにいけばいいのです。

「テレビや新聞、大手マスコミが報じていたから信じた」なんて、プロパガンダに対する自己憐憫だし、責任転嫁で、依存。戦時中に大本営発表をそのまま垂れ流していた大新聞を信じた結果がどうだったか。あれから時代は変わったと思うかもしれませんが、それすら過信です。

そう考えると、結局、悪いのは自分たちとも言えないでしょうか。

自分の身は自分で守らなければならないのに、「安いから」「おいしいから」という理由だけでよく調べもせずに食べ物を選んできた。その結果が今のような市場を作ったのではないでしょうか？

農薬であれ、食品添加物であれ、私が子どもの頃からありました。それらを甘んじて受け入れてきたのに、今になってゲノム編集食品やら、コオロギやらを「嫌だ」「知らないうちに食べさせられる被害者は自分たちだ」と言うのは、ご都合主義が過ぎるのかもしれません。

食料危機を招いたのは誰？

どこか矛盾していますが、食料自給率の低さが心配される一方で、食品ロスも問題視されています。

食品ロスと言うと、食べ残しや賞味期限切れ食品の廃棄などが思い浮かぶでしょうが、それだけではありません。

例えばオーガニック野菜が体に良いからと、学校給食への導入を考える。それには、形や大きさが揃ったいわゆる規格内の野菜を、決まった量で確実に確保しなければなりません。給食現場では手早く大量に調理する必要があるため、形や大きさがバラバラだと手間がかかり対応しにくいのです。

農家の方のお話では、規格外の野菜は納入できませんから、それを見越して多めに作るのだそうです。天候など自然に左右されるうえに、オーガニックでは手間もかかるのにもかかわらずです。しかも余った規格外の野菜や作りすぎた分が他で売れればいいですが、そうでなければ廃棄するしかない。

自然の産物である野菜を、決まった規格に当てはめて生産するのもどこかおかしいですし、余るほど育てなければならないのも何かおかしいと思いませんか。

今や季節感なく、スーパーマーケットには様々な野菜が並びます。夏野菜のはずのピーマンやトマト、キュウリなども冬だって、春だって、一年中手に入りますが、よく考えたら不自然でしょう。

寒い時期に夏野菜を育てるには、ビニールハウスの中で暖房をつけて夏のように温度を上げるしかありません。そこまでしてエネルギーを使い、旬《しゅん》を無視してまで食べたいのでしょうか。これだってある意味、食品ロスではありませんか？

考えてみてください。フライドチキン、焼き鳥、から揚げから手羽先まで、人気専門店が日本中にどれだけあるか。

サラダチキンがブームになったことも記憶に新しいですが、それを含めて、日本だけでもどれほどのブロイラーが食肉に加工されているでしょうか。いつまで続くかわからないブームのために、大量のブロイラーが育てられているのです。

しかもそれだけのブロイラーに与える大量のエサは、いったいどこでどうやって作られ、どのように運ばれたものなのか。

こうした様々なロスのうえに成り立っているのが、私たちの今の〝食〟なのです。こんな矛盾したように見えることも、すべて私たちが望んだ結果です。私たちは、自分で自分の首を絞めていると言っても過言ではありません。

この現実を知ると、食料危機は「今だけ・金だけ・自分だけ」の経済至上主義の限界、物質的価値観が崩壊していることを物語っているように思えるのです。

ロシアにも見習うべきところがある

安全な食品が食べられないからといって、メーカーや農家に「もっと安全なものを作ってくれ」「無農薬野菜を作れ」と言うのは簡単ですが、それでは無責任だと私は思います。「権利を主張し、義務を果たさず」に等しいからです。

私はずいぶん前から、「プランターなどでもいいから、家庭菜園をしましょう。自分で少しでも安全な食をまかないましょう」と講演会などで申し上げています。

安全な食の重要性に気づいたなら、文句を言う前に少しでも自分でなんとかする。自ら実践することのほうが大切だからです。

しかし、講演会場で「家庭菜園をしている人は?」と尋ねても、なかなか手が挙がりませんでした。講演会で何年も言い続け、自らのサイトはもちろんのこと、ラジオなどでも発言し、昨今のコオロギ食推進やロシア・ウクライナ問題での物価高騰もあってか、ようやく意識が変わってきたように思います。

とはいえ、少しずつ手を挙げる人が増えてきたかなと思うぐらいです。

ロシアにはダーチャという、菜園付きのセカンドハウスのようなものがあります。私は日本でも、ダーチャに見習うべきところがある、と思っています。

ダーチャは旧ソ連時代に、国策として自給自足が掲げられたことで普及しました。ソ連崩壊時の混乱でも、餓死者が出なかったのはダーチャのおかげだったとか。今も国民の大半が家庭菜園をしていて、ウクライナ問題で西側諸国から経済制裁を受けてもさほど影響が出ていないのは、ダーチャなどによる高い食料自給率があるためとも言われています。日本には耕作放棄地がたくさんあります。私が住む熱海でも、せっかく実がついているのに、収穫されないまま落ちていくミカンの木をたくさん見かけます。もったいないことだと思います。

そうした土地を借りて、みんなが農作物を作ったり、収穫を手伝ったりしたら、もっと安全な食をまかなえるのではないでしょうか。土地だって活かされますし、農家の方々に栽培方法を教えてもらったら、技術や知恵も継承できます。

八方ふさがりの中の抵抗

私の畑では自然農法といって、無農薬なのはもちろん、肥料も使わない栽培方法をとっています。安全な野菜を収穫できるというだけでなく、肥料の輸入制限や価格高騰うんぬんとは無縁の栽培方法なので、これからの時代に合っていると思います。

しかしいよいよもって食料危機となり、畑の作物の略奪が横行するようになったら、そうも言っていられないでしょう。有刺鉄線や電気柵で対策するより、建物の中でひっそりと水耕栽培をするほうが、まだいいのではないかと思っています。

私の考えに対して、「土を使わず、水で作物を育てる水耕栽培なんて不自然。神様への感謝がないのでは?」とおっしゃる方もいます。でも泥棒対策で電気をビリビリ流すより、人目につかないようにして泥棒する気を起こさせないほうがいいのではないでしょうか。

神様に感謝し、土や太陽の恵みを得て作物を育てるのがいい。その通りですが、それは理想論です。いざとなったら、コオロギを食べるよりも、泥棒を撃退するよりも、水耕栽培のほうが、よっぽどマシではないでしょうか。

日本では種子法（主要農作物種子法。米、麦、大豆など主要な穀物の種子を安定して供給できるよう制定された法律）が廃止され、種苗法改正（農家が自分で種を採って栽培する自家増殖の見直しを含めた法改正）も行われました。これによって農家は登録品種については自家採種することはできず、種や苗を企業から買わざるを得なくなりました。遺伝子組換えやゲノム編集を含む登録品種の種が、適した農薬とセットになって、海外企業からどんどんと売り込まれるようになったのです。

私たちはこうした法改正が決まる前に、もっと声を上げ、選挙などで意思を示す必要があったでしょう。

食料危機を前に八方ふさがりのような状況の中で、選挙の一票や家庭菜園、水耕栽培などはささやかな抵抗に思えるかもしれません。でも、できることはしていかなければなりません。

先に挙げた種子法も「廃止は違憲だ」と訴訟が起こされています。また、種子を守るために種子法に代わる条例を新たに定めている都道府県も増えています。

決まってしまったから仕方ないとあきらめることなく、今からだって、私たちは足元をしっかりと踏み固めていかなければならないと思います。

有事と戦争

台湾有事の危険性と現実

中国の台湾に対する軍事侵攻、いわゆる台湾有事が懸念されています。と同時に、「日本がその有事に巻き込まれるのではないか」という不安を口にする人が増えました。

私の講演会でも、「日本は戦争をしますか?」といった質問が会場からあがるほどです。

そして「自分の子どもが戦場へ行くような事態になることが不安です」と。

もちろん未来は決まっていません。ですから戦争を回避したかったら、回避するような未来を自分でつくっていくしかないのです。

台湾有事が懸念される大きな理由は、いろいろな意味で日本が巻き込まれる可能性が高いからでしょう。

具体的には海上封鎖による物流の停止。食料危機は前述の通りですし、他の様々な輸入品も同様に入ってこなくなるでしょう。コロナ禍で物流が混乱し、半導体や工業製品の部品がなかなか輸入できず、給湯器やエアコンなどの家電が品薄になったのは記憶に新しいところです。パンデミックという有事を経験した今、台湾有事でも同じような影響があることは容易に考えられます。

また、地理的に台湾に近く、米軍が配備されている地域は危険性が増すかもしれません。考えたくないでしょうが、第二次世界大戦では沖縄が真っ先に地上戦の舞台となったように、なにがしかの損害を被《こうむ》る可能性は想像がつきます。

しかし私は、今の時点で日本がむやみに参戦することはないと思っています。なぜなら、武器を扱って戦える兵士が日本にはいないからです。徴兵制ができて、兵士を養成するようになれば話は別ですが……。

そういう意味で、「甘く見てはいけない」と心しておかねばならないのが、緊急事態条項です。

緊急事態条項は、戦争などの緊急事態において、国会や裁判所での議論を通さずに内閣が法律を制定できるようにする条項で、自民党の改憲草案のひとつとして挙がっています。

今後、この条項が決まってしまったら、〝有事という緊急事態〟において、議論もなく徴兵制が始まるかもしれません。

ところが緊急事態条項について知らない人は多い。知っていても、「条項が通ったとしても、そこまでにはならないでしょう」と高をくくっている人もいて驚きます。

なぜあらゆる可能性を、深く考えないのかと非常に残念です。

戦争への不安を抱くなら、戦争に向かわぬよう、最後の一線を越えないよう、私たちがなんとかしなければなりません。

戦争がこの世からなくならない理由

戦争がこの世からなぜなくならないのか。それは戦争が、「今だけ・金だけ・自分だけ」のビジネスだからです。

どういうことか。爆弾やミサイルなどの兵器には、開発や生産をする側も、それを買う側も、莫大なお金をつぎ込みます。武器商人は早く売りたいし、買った国は老朽化する前になるべく早く使いたいでしょう。戦争になって世界の景気状況が変わると、お金の流れも変わります。あらゆる方面のビジネスが動き出すのです。

「ほら、戦争したほうが儲かるよ」とばかりに、いろんな国に戦争を仕掛ける人が出てきてもおかしくはありません。

国民には「国を守るため」と言いながら、実はビジネスで戦争をしていたとしたら？ そう考えると単なる金儲けのために、人の命を犠牲にしてまで世界をガラッと変えてしまうなんてタチの悪いビジネスだと思ってしまいます。

戦争にならないためには外交が必要だ、と言う人もいます。それはその通りです。

文化や考え方の違う民族は、世界中にいます。そういう意味では、自分たちの常識を他の民族へ単純に当てはめてはいけないでしょう。

民族の歴史のうえに成り立つ常識が、それぞれにあることを理解したうえで、対応しなければならないのが外交です。

例えば時間をかけて作物を育てる農耕民族と、そこにあるものを狩る狩猟民族では考え方が違います。首狩りの風習があった民族もいるでしょう。そんな世界でお互いの調和を図るのはとても難しいことなのです。

スポーツだって相手のプレーの傾向をよく知り、覚えて、作戦を立てますよね。相手はこういうパターンが多いから、こういうプレーで対応しよう。自分のチームはこういうのが得意だから、こんなプレーが相手には効果的じゃないか、などと。

それと同じことができるのが外交ではないでしょうか。ただそれは各国が対等に話し合える土壌があってのことです。

日本は属国

私は『子どもが危ない！』で、日本が大きく変わったのは終戦後、ＧＨＱ（連合国最高司令官総司令部）が来てからだと述べました。詳細は書籍に譲りますが、語弊を恐れずに言えば、そのときから日本はアメリカの属国です。

そうでなければ、遺伝子組換えのトウモロコシや大豆を始めとする農産物を、なぜこんなにも大量にアメリカから買うことになるのでしょうか。

アメリカでは発がん性があるとして裁判で多額の賠償判決が下った農薬「ラウンドアップ」も、日本へ輸出されています。「裁判で負けちゃって、アメリカ国内ではもう売れない。

じゃあ日本に買ってもらおう」とばかりに。

世界のそのほかの国々が使用禁止に動く中、日本だけはわざわざ残留農薬の基準を緩和してまで受け入れている。なぜなのでしょう。そうまでして買わなくてはいけないのでしょうか。

日本が国際社会でまともな外交ができるとしたら、まずは知恵を尽くしてアメリカの属国ではなくなることが前提でしょう。有事に巻き込まれず、戦争を回避するには外交における中立を守ることが重要だからです。

属国をやめるという言葉がピンとこない方には、こう申し上げましょう。どこかで高度経済成長期の「アメリカはカッコイイ」という意識を、まだ持ち続けているのが日本。私たちができることは、そんなアメリカかぶれをやめることです。

「カモンベイビーアメリカ」という歌詞で再ブレイクしたグループがあります。沖縄出身のアーティストでありながら、そんな歌を歌うのはみっともないし、恥ずかしいことだと、私は思っています。乱暴な言い方になって申し訳ないですが、率直にそう思います。

スピリチュアルな視点から言えば、沖縄に生まれ育ったという宿命には、戦争やアメリカと向き合う大きな学びもあるのだと思います。それなのに、ただ売れればいい、食べていければいいと思っているのだとしたらとても残念です。あの曲がカッコイイと思っているファンの方たちも、もう一度、歴史と向き合ってほしいと思います。

外交とは？　中立とは？　アメリカと日本の関係がそれらにどういう影響をもたらしているのか？　台湾有事の可能性は、私たちに様々なものを突きつけています。日本人には今の〝危機一髪〟の状況を止めるだけの力があるし、それだけの賢さがあると私は信じています。あとは一人ひとりがどう考え、どう行動するかです。

原発

原発がなければ停電するのか

東日本大震災による東京電力福島第一原子力発電所の事故は、いまだに収束せず、原子力緊急事態宣言も解除されていません。にもかかわらず、事故直後に高まった原発反対の声は、いつの間にか静まり、日本はとうとう原発再稼働へと舵を切ることになりました。

本当にそれでいいのか。原発を動かしても大丈夫なのかと、不安の声が聞こえます。

なぜ原発を再稼働させる方向になったのか。いちばん大きな理由は電力逼迫《ひっぱく》に備えるため、というのが政府の言い分です。

原発反対を口にしていた有識者や政治家もいたはずなのに、「仕方ないよね」という雰囲気になっているのには驚きを隠せません。

では原発が動かなければ、本当に電力が逼迫して停電してしまうのでしょうか。

専門家によれば、火力など原発以外の発電所はたくさんあり、それらだけで十分な電力はまかなえるそうです。近年の夏の猛暑で、「原発を動かさないと電力が足りなくなる」と盛んに言われていますが、それは脅しに過ぎないとも。

火力発電はC O $_2$を排出するから環境に悪い、原発はクリーンだという説もよく聞きます。しかし、福島の事故を見れば、原発がクリーンだとは言えないのではないでしょうか。

事故を起こさなければクリーンだ、とも言えません。原発は稼働していれば、必ず危険な放射性廃棄物を生み出します。原発は「トイレのないマンション」だと言われるように、その廃棄物を処理する方法、捨てる場所がないのです。そんな原発のどこがクリーンなのか。

私はずっと言い続けているのですが、原発推進派の科学者の方々は小さい頃から「お片づけしましょうね」とは教えられてこなかったようですね。「原発を動かすなら、放射性廃棄物をお片づけする方法ができてからどうぞ」と、改めて申し上げたい。

いったん動かした原発施設を、廃炉にするのも大変です。お金をかけて作ったのだし、廃炉は大変、まだ動かせる。それなら使おう、というのが今の方針でしょう。

施設があるなら「仕方がないから使おう」と言い、事故を経験してもまだ「電力が必要なんだから仕方ない」と動かすリスクをとり、放射性廃棄物を「捨てる場所がないんだから仕方がない」と負の遺産として置き去りにする。これでいいはずがありません。

原発は、原子力の平和利用と言われます。平和利用ではない使い方はもちろん核兵器。平和利用のための技術と軍事利用のための技術は、実は表裏一体なのです。

核兵器を持たない日本ですが、たくさんの原発があり、何が何でも動かし続けようとする政府の思惑が果たして電気が足りないことだけにあるのか。そうした穿《うが》った見方が出るのも、当然ではないでしょうか。

原発以外の何だったらいいのか

原発じゃなくて、もっとクリーンな太陽光発電などに切り替えればいいじゃないかという意見はごもっともです。

でも、SDGsの名の下に、様々なビジネスが横行していますから、慎重にならなければなりません。例えば太陽光パネルはどこでどう作られるのか。永久に使えるわけではないパネルの最終的な処理方法はどうなのか。よくよく考えなければならないでしょう。

そろそろ視点を変えたほうが、いいかもしれません。

太陽光だの、風力だのと、エネルギーの選択肢があるのはいいことですが、どうにか電力をまかなうことに考えが偏っているようだからです。

それよりも、私たちはずいぶんと電気を使いすぎではないかという点に目を向けることも大事ではないでしょうか。

夜でも煌々《こうこう》と明かりがつく街は都会らしい雰囲気ですが、もうちょっと照明を落とし、風情のあるヨーロッパのような街並みでもいいのではないかと思います。

家の中だって、どの部屋も明るくするのではなく、照明を減らし、間接照明だけの場所があってもいいはずです。

誰も彼もがわんさと電気を使うのではなく、工場など電気を使う場所もあれば、使わなくていいところもある。取捨選択した暮らしができないものでしょうか。

以前に「二位じゃダメなんでしょうか」と言った政治家がいましたが、私は「後ろに戻る生き方じゃダメなんでしょうか」と言いたいですね。

もうどんどん前へ進む時代ではないでしょう。

原発やエネルギーの使い方を間違えているのに、ただ「増やせる」「必要だ」と、是か非かみたいなことを論じるのは違うのではないでしょうか。まず根本を立て直すことが先で、自らを戒めないといけないのではないかということです。

後ろへ戻る生き方をする人がいてもいいし、そういう時代が来たのだと思います。

ＳＤＧｓは玉虫色のビジネス

食料問題はもとより、環境問題について語るにも今の時代はＳＤＧｓが切っても切り離せません。

持続可能でより良い社会の実現を目指す、世界共通の目標として国連で採択されたもので、社会、経済、環境の三つの側面から一七のゴールを設定しているのがＳＤＧｓ。

しかし、「環境をよくするために、とても良い取り組みだ」と、素直には受け止められないと私は思います。持続可能な社会を作るというのは良いことですが、ずいぶんとビジネス化していないだろうかと、疑問に思うことが少なくないからです。

レジ袋を例に挙げましょう。もちろんレジ袋をバンバン使って、そこらへんに放置すれば環境汚染になりますから、エコバッグを持ち歩くほうがいいのは当たり前です。レジ袋だって商品なのですから、売り買いするのもいいでしょう。

でも、環境のためにと言って売るのは、ＳＤＧｓに乗っかったビジネスではないだろうか。レジ袋に関係なく、環境を考えたら誰もがエコバッグを持ち歩くはずでは？　そう思うのです。

「レジ袋が三円？　お金を出すのはもったいない。エコバッグがあれば買わずに済む」と考える人がいれば、レジ袋の消費は減る。結果的に、環境に良いことにつながるのではないか。そんな理屈を言う人もいます。でも、ビジネスになってしまえばそんな単純なことでは片づきません。

まだピンとこない人のために、もうひとつ例を挙げましょう。

リサイクルというのはボランティアでやっているわけではなく、業者がいて成り立つビジネスです。ペットボトルがリサイクルの対象になったのはずいぶんと前のことですが、それが他国にゴミとして運ばれていたというニュースを覚えているでしょうか。

リサイクルというきれい事で人をあおっておいて、ちゃんとリサイクルをしていなかった。欲に駆られればこんな人だって出てきます。

ビジネスにすると欲得がからみやすい。表向きはＳＤＧｓを謳《うた》っていても、裏では環境破壊につながるようなことが起きる。だから、鵜呑みにはできない「玉虫色」なのです。

人間は地球を汚しすぎる

SDGsが善人の気持ちをくすぐる商売だとしても、環境問題は待ったなしです。なぜなら、人間が地球をずいぶんと汚しすぎているのは事実だからです。

地球規模のことを言われても自分事として考えられないという人は、こんなことを想像してみましょう。

プラスチックが海に流れ出し、それを食べてしまったウミガメが苦しむ姿はかわいそうです。でも感情的な問題は二の次、三の次。なぜならプラスチックを食べるのはウミガメだけではないからです。私たちが口にしている魚だって同じではありませんか？

プラスチックが海へ流れ、波に揉まれて細かくなり、いつのまにか魚が食べてしまう。その魚が網に掛かって私たちの食卓へ。海で獲れた魚が、いったい何を食べていたのかなんて考える人は多くない。私たちは気づかないうちに、魚と一緒にプラスチックも食べているかもしれないという循環です。

環境問題は、私たちに直接関わる問題です。

「もう、まともな魚は食べられないのかしら?」と思うなら、SDGsうんぬんだと言われる前に、自分の暮らしを見直さなければならないでしょう。

気候変動の不安と温暖化

人間がエネルギーを使ってCO_2をガンガン出すから、地球温暖化が進んでいる。それがために気候変動も招いている。これから先の地球はどうなってしまうのだろうという不安は、ずいぶんと前から言われています。

でも一方で、温暖化は人間の活動が原因ではない、とも言われます。本当は氷河期に向かっていて、その途中で気温が急に上がったりする自然な現象なのだとか。

じゃあ、温暖化はしていないからガンガンCO_2を出してもいい、というわけではないでしょう。

アマゾンの森林を次々と伐採していいわけでもない。

海にゴミや汚染水を流して、どんどん汚していいわけでもない。

空が霞むぐらい大気中に排気ガスを出したり、熱を放出したりしてもいいわけでもない。今の私たちは、なんだってやりすぎなのです。

温暖化という言葉は、誤った認識を生むのではないかと、私は思います。環境問題という大きな枠の中で言葉だけがひとり歩きしてしまうからです。

温暖化という言葉を抜きにしても、私たちは地球を汚しすぎている。しかも地球だけでなく、宇宙だって汚している。これは紛れもない事実です。

自分たちの都合で道路を作り、ビルを建て、山を切り開いて宅地開発をする。車も鉄道も、飛行機だって便利だし、宇宙に打ち上げる人工衛星も役に立つことがあるのでしょう。ですが、限度を知らない人間の欲がそうさせているだけなのではないでしょうか。

原発だって、エネルギーのことだって、食品ロスだって環境問題です。

私自身、自己嫌悪に陥るのは、一日過ごしただけで、どうしてこんなにゴミが出るのかと思うときです。過剰包装なのか、食品ひとつ買っただけでもゴミが出ます。昔だったら大根やネギをそのまま買い物カゴに入れていたし、卵だってパックではなく一個から必要な分だけ買いました。そんな時代に戻ってもいいのではないかとさえ思います。

すべてが温故知新と考え、昔のような暮らしを思い出してみてはどうでしょうか。

私が住む熱海には温泉が多く、こうした地熱をもっと活用できないものかと思うこともあります。

温暖化も、気候変動も、環境問題も、ビジネスと絡めることなく、また感情的にもならず、私たちが地球に対して何をしているかを冷静に見ればいいだけではないでしょうか。

富とグローバリズム

グローバル企業に買われる命

昨今よく聞く言葉が、グローバリズム、国を超えて地球全体を一体ととらえる考え方です。ただ使われ方は曖昧で、だからでしょうか、陰謀論的な不安が聞かれます。

それは「莫大な富を持つ個人や、世界規模で展開するグローバル企業が、グローバリズムを掲げて地球全体を牛耳るようなことになりはしないか。豊富な資金とネットワークを持つトップがいて、それ以外の人々が家畜のように扱われてしまうのではないか」という不安です。

実際に世界中の農場を買いあさっている富裕層もいますし、農地だけではなく、水資源を含む山林も企業に買われています。水や食べ物、命に直結する様々なものがどんどん買い占められることは何を意味するのか。

こんな言い方をするとたしかに陰謀論のように聞こえるかもしれませんが、これらの目的は命、人口のコントロールです。もっと踏み込んで言えば、人口削減でしょう。

水源のある土地が企業に買われれば、「お金を払わなければ水は止めますよ」と言われる可能性も出てきます。そう考えたら、日本のいろいろな土地が、外国企業に買われる現状に不安を抱くのも当然でしょう。

グローバリズムという考え方自体が悪いとは、私は思いません。みんなで協力するという意味での、精神的なワンネス（世界は一つであるという感覚）はあっていいと思うからです。

ただオーケストラと同じで、世界にもハーモニーは必要です。

オーケストラにはいろいろな楽器があります。それぞれの音色は尊重すべきものでしょう。もしすべてが単一楽器だったら、オーケストラというハーモニーは生まれないからです。

世界に当てはめても、トライアングルやカスタネットみたいな小さい国があってもいい。それぞれの主張はあるわけで、互いの文化も大事にして、認め合いながら、そのうえでハーモニーを作り出すことが、スピリチュアリズムで考えるグローバリズムだと思うのです。

富と支配の狂気

富とは、いったいなんなのでしょうか。

グローバリズムを掲げている富裕層やグローバル企業にとって、富が意味するのはきっと「支配」なのでしょう。なんでも支配できる神にでもなろうとしている、としか思えません。そうでなかったら、水や食をコントロールするなどして人口削減しようとは、考えないはずです。

スピリチュアリズムで言う神とはまったく違う彼らの神という目線で、もしも地球と人間の未来を考えて人口をコントロールしているとしたら、まったくもって余計なお世話だと思います。

人間は莫大な資金を手にしたあかつきには、もうそれぐらいしかやることがなくなってしまうのかもしれません。

人はある程度努力して、達成感を得たり、日々の歓びを感じたりするものです。

じゃあ、有り余るほどの財を成した人が、自分で野菜を育てて収穫する達成感や、それを食べておいしいと歓びを感じるか。その程度の達成感にはもう不感症になっている彼なら、きっとおいしい野菜が食べたければ、農場を買い取って誰かに作らせるでしょう。お寿司が食べたかったら、予約の取れない店に予約を入れるどころか、すぐに一流の職人でも最高級の食材でも、調達できるのです。

ゲーム盤上での人生ゲームより、世界を舞台に壮大な人生ゲームをしたほうがエクスタシーを感じるはずです。

今、世界の人口はちょっと多いから、パンデミックでも引き起こしてみようか。遺伝子を操作し、食をコントロールしようか。そうは言っても全滅したら、働いてくれる人がいなくなるから、ちょっとだけ減らせばいい。

それは狂気の世界でしかありません。

恐ろしいというよりも、私はそんな人たちがとてもかわいそうな、〝幸せ不感症〟に思えてなりません。

医療

直感とデータで知るパンデミックの闇

二〇二〇年からパンデミックを引き起こした新型コロナウイルスは、世界中に様々な不安をもたらしました。

ウイルスそのものが未知で、症状の重さや感染力もわからず治療が手探りだという不安に加え、驚くほどの速さで開発され世に出たワクチンは安全なのかという不安もあったからです。

もちろんそこには医学界や製薬会社、国家間の利権が様々に絡み合っているのではないかという不信感も相まってのことでしょう。

ワクチン接種は任意のはずが、打たなければ職場や学校で不当な扱いを受けるといったワクチンハラスメントに遭った人もいます。

接種するか、接種せずに仕事を辞めるかの選択を迫られた人。家族を養う立場で簡単に仕事を辞める選択ができず、悩んだ末に仕方なくワクチンを打った方もいるでしょう。また、接種しなければ実習に出られないと言われた看護学校の生徒もいました。同調圧力にしても、行きすぎに思えます。

医学的なことは専門家におまかせするしかありませんが、ここからは私自身がコロナ禍とどのように向き合ったかという視点でお話ししていこうと思います。

私は直感力を大事にしています。テレビなどのニュースで盛んに報道されてもそのまま受け取るのではなく、自分が感じたことをまずは優先しているのです。私が直感したのは、ウイルスもワクチンも、「何かおかしい」ということでした。

もちろんその直感だけで、すぐに結論づけたわけではありません。スピリチュアリストは地に足をつけ、リアリストでなければならないからです。それからは様々な専門家のデータを調べました。

インターネットを駆使し、医学論文を検証、分析している学者のサイトで勉強したり、自身のサイトでは医学者や製薬会社の方と対談を行い、疑問をぶつけたりもしました。

結果、ウイルスは人為的なものであり、ワクチンは打たないほうがいいと判断し、今に至ります。

とくにワクチンは遺伝子操作で作られており、その点がどうしても納得できませんでした。遺伝子組換え食品やゲノム編集食品のこともあり、遺伝子をいじっていいわけはない。先々にどんな影響が出るかわからない、と思う気持ちがブレーキをかけたのです。

さらに今回のワクチンは緊急承認です。通常なら何年もかかる臨床試験を経ていないわけですから、確かなエビデンスがないだろうと思いました。

ニュースで報じられるのは、「効きます」「重症化を防ぎます」ばかり。しかも、最初は「感染を防ぐ」と言い、次は「感染することはあるけれど重症化を防ぐ」と変化しました。これまでにも、国が安全だと承認したあとで発覚した薬害は複数あります。国だって間違えることはある、という考えも当然ながらよぎります。

そして単純に、「入れるのはいつでも入れられる。でも入れたものを抜くことはできない」と考えました。ワクチンを打った後で、その薬剤を体から抜くことはできないだろう。後で取り返しがつかなくなることはやらないほうがいい。そう思い至ったのです。

自分の命に対する責任

自身のサイトでも、私がワクチンを非接種であることや、なぜそう考えたのかを公にしています。と同時に、打つかどうかは自分で判断することが大切だとも申し上げてきました。命をかけてもいいと思うぐらい考えて、結論を出すことが大事だと。

ワクチンに限りません。自分の人生におけるすべての選択は責任主体です。なんだって命をかけるぐらいの覚悟を持たなければ、研ぎ澄まされた本当の直感は生まれないと思うのです。

例えば賞味期限の表示は目安にはなりますが、それに頼ってばかりいると自らの五感で「これは食べられるかな?」と判断することを忘れてしまいます。何かに依存すれば、自然の本能を失っていくのと同じです。そんな本能を失った人が、メディテーションなんかをして、スピリチュアルなことを感じたいと思っても、それは無理ではないでしょうか。

若い方たちが気軽にタトゥーを入れたり、ピアスをするために耳に穴を開けたりする姿を目にすると、健康な体に手を加えることに抵抗がないのかなと思います。でもそれをしていくとだんだん麻痺して、人体に手を加えることも、もっと言えば遺伝子を操作することもなんとも思わなくなるかもしれません。

もっと本来の自分の体や感性を大事にし、ふだんから直感を磨くこと、そして自分でとことん考えることを忘れないでほしいと思うのです。

ワクチン接種の不安

ワクチンに関しては、同じ医師同士の間でどうしてこんなに意見が分かれるのかと思います。それもまた人々を不安にさせるのでしょう。何をどう信じたらいいのかと。

でも、冷静になって分析すればいいだけではないでしょうか。

私がテレビの情報を鵜呑みにしないのは、テレビ番組がスポンサーの意向によって作られていることを、現場にいた人間として知っているからです。

スポンサーにとって都合の悪い情報は、番組では取りあげられません。私がかつて出演した番組でも、「自動車メーカーがスポンサーに入っているから、交通事故で亡くなった人の話は扱えない」と、打ち合わせで言われました。車に不備があって事故が起きたわけでもないのにです。

マスコミ報道のすべてがフェイクだとは言いませんが、なにがしかの忖度《そんたく》はあると思ったほうがいいでしょう。

それに「有名人の○○さんが言ったから」「あのニュースで報じていたから」信じるというのは依存です。あとからそれが間違っていたとわかって「信じてたのに」と嘆いても、それは自己憐憫であり、責任転嫁。結局、自分が不幸になるだけなのです。

こうしたことを踏まえて、自分でとことん調べ、考えることが重要です。

考えることなくワクチンを打ったことで、不安になっている人もいるでしょう。でも、ある意味、幸いです。

なぜなら一日、一日が大事になるからです。副反応が出ることなく「ああ、今日も一日無事に生きられた」という感謝が持てるし、以前よりも健康に気を遣う生活ができます。

もしかしたらワクチンを打たなかった人のほうが、安心しきって不摂生をし、病気になってしまうかもしれません。

私はよく「転んでもただでは起きるな。まんじゅうつかんで起き上がれ」と、言います。大事なのは、「〝今まで以上に健康を意識し、毎日を充実させて生きられる〟というまんじゅうをつかんだぞ」と思える、これからの生き方でしょう。

一日を大事に生きる。命に責任を持つ。それはワクチンを打った、打たないに関係なく大切なことです。でも、そのことについてより深く考えることができたコロナ禍は、意味があったと言えるのではないでしょうか。

命乞い医療に対する疑問

新型コロナウイルスに対するワクチンでもわかるように、これからは遺伝子操作をした治療薬などが増えるでしょう。それがどんな未来をもたらすかは、歴史に委ねるしかありません。

今の時代の医療は、どこかやりすぎな気がしています。命乞いが過ぎるように思うのです。

もっと自然に生きて、自然に死ぬような形でいいのではないかと、私自身は思います。

もちろん、医学の研究が必要ないと言っているのではありませんし、病気になっても治療がいらないと言っているわけでもありません。

私だって、これまでの人生で何度か手術を受けたことがあります。現代医学のおかげで今もこうして元気に活動ができているのです。それにもしもこの先、自分が病気になって余命宣告をされたら、苦しさや痛みを緩和させるような治療は受けたいと思います。

しかし余命が宣告されているのに無理な治療をして、逆に残りの日々のクオリティを下げるようなことはいかがなものか。また、遺伝子操作のように生命倫理に関わる治療は、ノーと言うことも必要ではないかと考えます。

抗がん剤治療は、アメリカでは寿命を縮める作用のほうが強いからと使い方が限られているそうです。ところが日本では、必ずと言っていいほど受ける治療法になっています。なぜ治療にそんな違いが出るのかも疑問です。多くの抗がん剤がアメリカから輸入されているというのも、どこか先に挙げた農薬と同じ構図ができあがっているように思えます。

私なら、がんになっても抗がん剤は使わない選択をしたい。

医学の研究が進むのもいいですが、治療方法を強要はされたくないし、自分自身で取捨選択していきたいと思うのです。

長寿社会となり、コロナ禍も経験した今、否応なく医療や自分の体と正面から向き合うことになった私たち。それは逆に、自分自身の命の輝きに改めて気づく機会でもありました。政治や経済といったものが、自らの健康や命、生き方と大きく関わることも改めて認識した人も多いでしょう。

どう生きるのが、自分の命を輝かせることになるのか。その具体的な行動の指針については、第2章の霊界からのメッセージを踏まえて、第3章で探っていきたいと思います。

第2章　霊界に問う

霊界からのメッセージとは

第2章では、私、江原啓之とその指導霊（守護霊の中のひとり）である昌清霊《まさきよれい》との交霊によってもたらされた、霊界のメッセージをお伝えします。

今回の交霊会で問うたのは、第1章で分析を進めたこの世の問題について霊界がどのように見ているのか。また、分析を尽くしても理解に苦しむ問題については、率直に何が起きているのか、です。

昌清霊と交霊会について、少しですがお話ししておきましょう。

昌清霊は戦国時代を生きた人です。京都御所護衛の職にある武士でしたが、のちに出家。修験道《しゅげんどう》の行を積み、加持祈禱《かじきとう》を得意とする修験者、僧侶となりました。今ならば霊能者、ヒーラーと言ってもいいでしょう。

交霊会は、精神統一ののち、私を通して語られる昌清霊の言葉を待ちます。それから、同席する参加者の質問に対して、私を通して昌清霊が語るという方法で行われました。交霊会において、私は肉体を通して昌清霊の言葉を伝える媒介者ですが、昌清霊もまた霊的世界からの声を伝える媒介者に過ぎません。この章は、昌清霊を窓口にして伝えられる、霊界からのメッセージなのです。

昌清霊の言葉遣い、口調は昌清霊が生きた時代のものであり、今の時代では使われなくなったものもあります。霊界が伝えようとする意図を読者自身に汲んでいただくべく、なるべく語られたままに残しました。とくに意味がわかりにくいものは、かっこ書きで注釈を入れたり、現代の言葉に書き換えたりしています。また、解説が必要と思われるところでは、「江原解説」も入れています。

それでは霊界からのメッセージをお聞きください。

はじめに

――今日はよろしくお願いします。これから昌清様のメッセージを書籍として必要な方々に届けたいと思います。もしよろしければ、昌清様からお話ししたいことがあれば、お伝えいただけますでしょうか。

わしが伝えること。わしが……幽世《かくりよ》（あの世）の、または黄泉《よみ》の国の者たちの語り部として、わしが選ばれ、ただ語るのみにござるが、そこで、それは今に始まることではなく、おのおののすべての行動で、伴って、今までも同じように繰り返し申してきた。それはやはり今の世の中、またはこれから先のたましいのあり方というもの、それをすべて予知したことによることにござる。

すべてはこれから闇に向かってゆくのじゃ。

それはすべてのたましいの映し出し。いわば自らのたましいに無きことは起きぬのじゃ。すべては自らのたましいにあることのみ。それはすなわち、類魂《るいこん》としてのすべてのたましいの現れじゃ。それを、自業自得という言葉があるが、自らの業《ごう》を自分でおさめてゆくということじゃ。そのことを、ただ覚えておくが良い。

■江原解説

私たちは誰もがたましいの存在です。たとえるならば一人ひとりが、一滴のしずくのようなもの。一滴、一滴のしずくが集まってコップの中の水になるように、霊的世界では私たちは究極的にはひとつとなります。あなたは私であり、私はあなたであり、みんながひとつ。それが〝類魂〟の意味するところです。

この世の闇とは
――社会問題は私たちのカルマですか

――この世には様々な闇があるように思います。社会に起きている問題はすべて人々のカルマ（因果）によるものでしょうか。

業というものじゃ。

闇はあって無きもの。闇というのはたましいの曇りじゃ。

闇とはなんじゃ？

――闇は、人の傲慢さによって作り出されるものではないでしょうか。

ということは、闇というものは無いのじゃ。

闇があるのは自らの中。自らの未熟さ、自らの業。それこそが闇というわけであり、闇という言葉を使うことは、むしろその闇を責任転嫁することになるゆえ、わしは好まぬ。

すべては自ら、内なるたましいの曇りぞ。

――内なるたましいの曇りが、社会問題として映し出されているのですね？

さようじゃ。

〝すべて映し出す〟ということは、自らのたましいの願望が、世の中、この現世《うつしよ》（この世）に映し出されるわけじゃ。

すべては自らの業が作り上げる幻想である、ということも忘れてはならぬ。

――多くの人々は、その映し出されたものを見ないようにしているように思います。見ないようにする者もあれば、逆に、無いものをあるように仕向けることもある。無いものも自らの願望により映し出されれば、「そこにある」と自らは述べるわけじゃ。

世の中、ふたつ。あるものを見ぬ者。また、無いものを見ようとする者。

それが今、現世に充ち満ちている。それは現世だけにあらず。いわばすべてのたましいの、内なる曇りぞよ。

――そうなると、何が真実で、何が嘘かを見極めるのが難しくなるのではないでしょうか。

すべては嘘じゃ。

なぜならば、自らの曇りということは、すなわち業であり、すべては過ち。すべては嘘偽り。ということは、すべては無きことぞ。

――私たちが偽りではなく、正しさの下で生きていくにはどうしたらいいのでしょうか。

すべてを捨てること。

――物質的価値観を捨てるということでしょうか。

さよう。

すべての小我《しょうが》を捨て去ること。

すべてに感謝、賛美し生きれば、災いは何ひとつ無い。何がある？　無いぞ。すべてに感謝、すべてを賛美し、〝あるもの〟をありがたくいただいて生きていれば、無い。大我《たいが》であれば、起きることは何ひとつ無い。

それは現世の事象だけにあらず。心の迷いも悩みも、すべてじゃ。ただただ感謝し、賛美し、そしてありがたき学びとしていただいてゆけば、何ひとつ悩みは無いはずじゃ。

この現世にある者たちは、何ひとつ感謝も無ければ賛美も無い。〝あるもの〟に対して不平不満を作り上げ、いわば、無きものもあるように作り上げる。すべては欲、我欲、小我ということじゃ。自らが自らの首を絞めている、というだけにござる。

――霊的な世界について学ばなければ、そこまでの理解は難しいように思います。

さようじゃ。それをいつまでも、いつまでも、ただただ続けてゆくこと。それが現世にござる。

――スピリチュアリズムを学ぶ者は、物質的価値観を捨てることを他者にも伝え、自らも実践し続けるしかないのでしょうか。

さようじゃ。伝え続けてゆく。これをいかに感情というものを入れずに伝えてゆけるかじゃ。すべては〝待つ姿勢〟が正しいのじゃ。

必死に伝えたところで、まだその器に達していない者は、それを受け入れることはできぬ。一升《いっしょう》のますには一升しか入らぬのじゃ。それ以上に注ぎ込んだところで、穴を開ければ漏れるだけ。またはそのますも壊れるであろう。

そうしたところで意味が無い。それぞれの、その器に合った量を注ぎ入れ、そして少しずつでも広げていく。

では広げるにはどうしたら良いか。すべては経験と感動にござる。それしか無い。人というものは、やはり経験し、その立場に立って初めてわかる。ただただ時間をかけて、何度もたましいの旅を続けながら。

ぬしら（あなた方）はよく「闇だ、闇だ」と語るが、あまりに「闇、闇」と目くじらを立てるのは間違いじゃ。

今、闇と見えていることもその先にある光のため。この先には光しか無い。成長しか無い。そう思うこと。

生きるということは、すべて経験と感動であろう。

ということは、その先には成長しか無いことが、なぜわからぬか。

すべては成長。ということは、ただ生きれば良いのじゃ。ただ生き抜けば良いのじゃ。

今日一日とて、何かは起きるのじゃ。その起きたこと、経験、そこから学ぶ。良いことばかりでもなく、自らの小我を映し出すようなこともいろいろ起きる。たとえ寝たきりでも、今日を生きていれば何かがある。ということは、生きていること自体に感謝と賛美が必要なのだから、「闇だ、闇だ」と、ぬしらのように重箱の隅をつつくのはいかがなものかと思う。

もちろん、ただただ意味無くとも、伝えていくことも大切。そして、ほんの少しでも前へ進めれば良い。また、気づきにつながれば良いのじゃ。

気づかずして、ことは進まぬ。気づかずして、進ませようとすれば、それは強引な手立てということになる。気づくのを待つことじゃ。

すべては光に向かっているのじゃ。

「闇、闇」言うても、それは五十歩百歩のことであり、そうは変わらぬ。

すべてのたましいが、何度も何度も繰り返し学び、そしてより気づく。人というものは、みな誰もが愚かなもの。痛手を被《こうむ》って、初めて痛手の意味を知る。

歓びもさようじゃ。

ということは、すべてはみな正しいということなのじゃ。間違いは無いということなのじゃ。

だのにぬしらはみな、「間違い」「正しい」をどうしてそんなに分けたがるか。

その先にあるものは、すべて正しいこと。

そしてまた、ただただ伝え、ただただ学ぶ。

気づく者ができることは、この現世においてのことすべてへの感謝、賛美。また、幽世《かくりよ》における たましい、黄泉の国に対して、神界に対しても、すべて感謝と賛美。自らのたましいの賛美。これしか無いのじゃ。

■江原解説

小我とは自分を最優先する利己的な気持ち。大我とは他者を尊重する気持ち、利他愛、無償の愛です。物質界であるこの世に生まれると、人はお金や物などを重視する物質的価値観に陥りやすくなります。対するのはたましいを本質とした霊的価値観。感動とは感じ動くこと、喜怒哀楽です。私たちはこの世に生まれて、様々な経験を得ながら、感動を味わい、たましいを本質とした霊的価値観に目覚めることを目指しています。

善と悪、正しい生き方とは

――正しく生きたいのにどう生きたらいいかわかりません

――今の世の中、「正しく生きたい」と願っている人も多くいると思います。

正しいとはなんじゃ。

――正しさというものが本当にあるかがわかりません。正しさとか、善とか、悪とかいうものは、時間的な視点によっても変わっていくように思います。

善とか悪とかは変わることは無かろう。
真《しん》には何も変わらぬ。変わるのはぬしらの心。たましいのあり方、映し方だけじゃ。
正しく生きる。〝正しい〟とはなんじゃ。ぬしらの〝正しい〟ほど、あやふやなものは無い。

ぬしらの〝正しい〟は、自らの曇りを現している中でひとすじの光だけを〝正しい〟と言うておるだけで、わしらから見たらそのほとんどは、〝正しい〟にはほど遠い曇りじゃ。

――霊界から見た〝正しさ〟とはどういったものでしょうか。

真理じゃ。そんなこともわからぬか？

では聞くが、賛美して、感謝して生きておるか？

――すべてにおいてはできていません。

感謝もできずして、そのような生き方もせずして、何が霊的真理に沿った生き方か。どの口が言う。

そう思うならば、誰も邪魔してはおらぬのじゃ、やれば良いではないか。

なぜしないのじゃ。

――恐れがあるのだと思います。

ほぉ！

ということは矛盾しておるな。「正しき道に生きたい」とぬしは言うた。どちらが本当じゃ？　正しき道に生きたいのか？　恐れがある？

ほら、わしが言うたように、嘘ばかりじゃ。〝正しき〟がわからぬ？　いやいや、曇りを映し出しておるだけじゃ。

――たましいの曇りの映し出しを理解するためにも、今起きている様々な社会問題に対して、私たちは関心を持つことが大事なのかと思います。

関心を持つとはどういうことじゃ？

――何が問題点であるかを理解することではないでしょうか。

ほぉ、そのようなことがぬしにはできるのか。

――できる、できないは別にして、無関心でいるよりはいいと思います。

で、何をしておるわけじゃ？

――できる限りの情報を集めようとしています。

情報！　情報を集めたところで何になる。

――関心を向けて情報を集めるよりも、具体的な行動をとることが大事なのでしょうか。

ぬしらが目くじらを立てて言う〝地球の温暖化〟。それを阻止するの、本当だの、嘘だのと語る者がいるが、嘘と言う者のほうがまだマシじゃ。なぜならば、嘘であるから行動に移さん。

それが真《まこと》であると思うならば、なぜ今の暮らしをしておるのか。

議論するだけでは意味がない。

そう思うならば、都《みやこ》の暮らしをみな、捨てれば良い。なぜそれをしない？

自然に感謝し、賛美して、多くの気づいた者たちがそれをすれば、そのほうが解決に早いのではなかろうか。

——近代文明の発達によって地球温暖化が進んだと言われています。そのため環境に影響のある化石燃料に依存せず、再生可能な自然エネルギーを使うことが望まれています。そうした自然エネルギーと、テクノロジーを使った文明は共存できるでしょうか。

それを望む者はすれば良かろう。

みな都合の良いことばかり考えるからおかしいのじゃ。

共存とは何じゃ。小我《しょうが》を積み重ねて、小我の中で、小我まみれに生きることか？

——自然エネルギーを選択するほうが、人間と地球と自然の共存が図られるように思います。

頭だけじゃ。

そうしたい者はすれば良かろう。ぬしがそうしたいならば、そうすれば良かろう。そうでない者は、自然を賛美した暮らしをすれば良い。

みなそれぞれが思うようにすれば、均等になるのではなかろうか。

なぜみなが同じことをせねばならぬのか。

――国の政策として掲げられていることも影響していると思います。

わしはずっと言うておるのに、ぬしはどうしても小我で物質的価値観が強すぎるゆえ、話にならぬな。

わしは首尾一貫して、正しいも間違いも無く、自らのたましいの曇りを映し出しておるだけじゃ、すべてこの現世《うつしよ》は小我を映し出しておるだけじゃと、何度も言うておる。

――エネルギーを切り替えなければ、気候危機など地球に影響が出るのではありませんか?

気候危機などという難しい言葉を使って酔いしれておるだけじゃ。自らの小我で、この地球というところを汚《けが》しただけであろう?

それもそう思う者たちが、自然に感謝し、賛美する暮らしをすれば、すぐに戻る。

――多くの人々が切り替えないと、戻るようには思えません。

それならそれで終わりじゃ。そしてそれをまた繰り返すと、言うたではなかろうか。

なぜそこであがくかがわからぬ。たましいが曇るだけじゃ。より曇らしてなんになる。物質的価値観から早《はよ》う解放されることじゃな。

――社会的な問題というよりも個人的な問題ということでしょうか。

ぬしはまばたきにこだわっておるだけじゃ。長い長いたましいの視点は無い。

――そうなるとまるで何もせず生きているように思えます。

ほぉ、そうか！　自然を賛美し、感謝し、生きたら良かろう。なぜしない。なぜしない？　そうほんにたましいから思っておらぬからじゃ。だからせぬのじゃ。いわば口だけ、口先だけ。

わかっておらぬからじゃ！

――では自然に戻る選択が最良ということではなく、自分の意志でそうしたいならすべきということでしょうか。

首尾一貫して言うておる。〝最良〟は無い。たましいの発露じゃ。

なにゆえに〝最良〟なのじゃ。善と悪、最良。そこがぬしの器として理解できぬようじゃ。

現世から見たらば目くじらを立てることやもしれぬが、幽世《かくりよ》からしたらばすべては長きたましい、その視点に過ぎぬ。

大いにもがけば良い。大いに苦しむが良い。大いに歓ぶが良い。

■江原解説

人は死して死にません。私たちはこの世への再生を繰り返しながら、たましいの旅というものもまた続けているのです。人の一生、人生は旅にたとえられますが、長い長いたましいの旅に比べたら、この世での一生は「まばたき」のようなもの。ですがその一生にも様々な経験で得る感動と学びがあります。それらを携えて、長いたましいの旅を続けているのが私たちです。

病、原発、ワクチン、私たちが被る様々な痛手

――医学を信じてワクチンを接種しました

――二〇二〇年前後から新型コロナウイルスが世界的に蔓延しました。

ふたつにひとつじゃ。

すべては作られているものじゃ。そしてもうひとつは、人類の暮らしの変化により変異したものじゃ。鳥インフルエンザなどは、変異したもの、いわば人類の生き様が影響しておる。

人為的に作られたウイルス、それも同じじゃ。すべて共通することは人の小我《しょうが》ゆえ。全部、小我。

――世界的に広がったということは世界的に共通した学びがあるということでしょうか。

今、言うたことが答えじゃ。

自然を賛美し、感謝し生きる者たちには、意味は無い。

何ごとも、ラクした恩恵にあずかって返ってきたもの。

自然の中でも、もちろん様々なことで命が短くなるようなものもある。しかし誰のせいでもなく、それが自然の営みぞ。例えば自然の中でも、動物なりと関われば、病というものにかかることもある。それも自然の営み。人も生きておる。動物も生きておる。


――日本は戦争や原発事故も経験していますが、痛手を被ってもその記憶が継承されているようには思えません。それほどの経験をしてもなお、私たちは気づかないものでしょうか。


さようじゃ。気づかぬから、このようなことをするのであろう。

不幸になりたい者などいないのじゃ。気づこうとするよりも小我にのまれるわけじゃ。

人は誰もが、ささいなことでも同じ過ちを繰り返してゆく。ぬしとて、そうであろう。

同じことを繰り返すであろう？

とすると、その原発とやらも同じではないか。そこで苦しみ、生きる地も、ふるさとも失い、それでも喉元過ぎれば熱さを忘れる。暮らしが変われば、またそこに新たな小我な歓びを見出したりもする。その繰り返し。

気づいて、なおも繰り返す者などおらぬのじゃ。

――それでもたましいとしては成長していると言えるのでしょうか。

さよう。

なぜならば、また再び過ちを犯すであろう。二度あれば気づく者。三度あれば気づく者。ただですら、今、幽世《かくりよ》にはあまりにも無防備なたましいたちが帰ってきておる。これは寿命ではない。自らが寿命を縮めた者じゃ。

なぜ寿命を縮めるか？　感謝が無いからじゃ。自らのこの現世《うつしよ》における肉体に感謝があれば、大事に使う。

ぬしらの世にあるワクチン。ぬしらは目くじらを立てるが、ぬしのまわりにも、そもそも昔から酒飲みもいる。身を滅ぼすことを知りながらも止められない者もいる。求めるものは違うとしても、小我ゆえに、自らの肉体を傷つけることには変わりない。なんの違いがあるだろうか。

今、ごまんと、何も気づかず戻る者たちがいて、しかもそれらが成長したたましいであれば良いが、恨みつらみ、怨念のたましいゆえに、その世話役が大変なのじゃ。それぞれのいわば守護する者たちが、大わらわである。
感謝無くして寿命を縮める。また、小我の欲ゆえ、縮めている。

■江原解説

「何も気づかず戻る者たち」というのは、なぜ自分が死んだのかという原因がわからない人や、死んだことにすら気づいていない人が多いということ。あの世が「大わらわ」な状態になるほど、そうした人が「ごまんと」いるのは、超過死亡（感染症などによる死亡を踏まえつつ予測していた数値から超過した死亡者の数）が一気に増えたことに関連しているのではないでしょうか。新型コロナウイルスに対するワクチンの副反応に挙げられている心筋炎や血栓、アナフィラキシーショックなどは、突然に意識を失うことがあります。そのまま亡くなってしまうと、あの世にいるのに、まるで現世で夢を見ているような感覚のままという場合があるのです。それはすなわち死んだと気づいていない状態。また、ようやく死んだことに気づいても、この世への未練や無念な思いが募っていると、死を受け入れがたくなります。それぞれの守護霊がそんなたましいのお世話をするのが、「大変」だと昌清霊は言っているのです。

――ワクチンは感染症を防ぐと言われており、その情報を信じて接種している人が多いと思います。

信じる？　信じてなどおらぬ。

自らの心の願望の映し出しを現しているだけであり、何かを信じ、だまされたというのは偽り。それは責任転嫁に過ぎぬ。「それにより救われる」、または「それを先にした」ということで「先に出口に立てる」という欲、浅ましさやもしれぬ。「誰かのために」「助けねばならぬ」、または「仕事のため」と言うても、厳しいやもしれぬが、小我じゃな。

自らのたましい、そして現世のこの肉体を賛美、感謝しておれば、絶対に異物など入れぬ。

自らを本当に大切にしていれば、酒を飲むか？　浴びるほど飲むか？

自らのその肉体を大切にしていれば、いや、命を大切にしていれば、そのワクチンを打つか？

――科学的信仰から、ワクチン自体を異物だとは思っていない人も多いと思います。

科学的信仰ということじゃの？　わしは先に申した。まず現世のすべてに感謝をし、賛美をすれば、と。すべてここじゃ。

なぜそれらのものが必要じゃ。

現世の者たちがそもそものこの肉体、またたましい、自然、すべてに感謝し、賛美していれば、ほとんどものがいらぬもの。

科学、医学が無ければ病に打ち克てぬのか？

そもそも病とは、自らのたましいの映し出し、また学びにござる。だのになぜ、ぬしらはそれ以外の病を作り出すのじゃ。

自らのたましい、そして肉体というものには、自然治癒力があり、自らが癒やす力を持っておる。自らが癒やせぬものはふたつにひとつ。学び。または作り上げたもの、いわば自らのたましいの曇りゆえに深めたものじゃ。

いずれにしても、すべてはたましいの映し出し。その映したものから学び、何度でもやり直し、学んでいるだけじゃ。

わかるかな？　ぬしが言うた科学、その〝ワクチン〟を信じる前に、現世の者たちは、自らの与えられた肉体を信じておらぬということじゃ。

――私たちは自分自身の自然治癒力や生命力を、理解していないということでしょうか。

さようじゃ。自然の治癒力、それで果たせぬものは学びじゃ。

先天的なものもある。たとえそれが後天的であったとしても、自らのたましいが映し出しているのじゃ。ということは無駄な病はない。

そして治せるものはすべて自力で治せるということなのじゃ。それが果たせぬ場合は、気づきを与え、癒やしを与える。それが霊癒《れいゆ》（スピリチュアルヒーリング、たましいを癒やすこと）というものじゃ。

――西洋医学の治療を受けながらも、自分で癒やせるという意味でしょうか。西洋医学を否定しているという意味ではないですよね？

否定しているという意味でもある。だが本当の否定とも違う。すべては映し出しで学びであるから、この世にあることに間違いは何ひとつ無い。

しかし、本当に感謝と賛美があれば、自然に生き、自然に死する。ということは、無駄にはいらぬな？

――感謝と賛美は、経験によって得ていくしかないのでしょうか。感謝と賛美をしながら生きなさいと伝えても、本当の意味では伝わらないように思います。

ああ、伝わらぬ。繰り返してこそ、わかること。

「多くの病は作り上げたものである」と言ったことを忘れるな。そもそもの学びとしては無い。たましいの曇りゆえに生んだ病。そしてまた、その小我ゆえに、また小我な対処がために生まれたのが、医学の闇。しかしそれも闇ではなく、小我が生んだもの、人が生んだもの、そこから学ぶもの。

――では、今の現代医療や科学の発達にはどんな意味があるのでしょうか。

さぁ、知りたいなぁ。わしのほうが知りたい。

ぬしらは自ら、宝を捨てて、そして自らに毒を盛って苦しみ、また安らかに死にたいという気のふれたような生き方をしておる。わかるかな？

――宝とはなんでしょうか。

元々に与えられたものすべて。

――命やこの体も、でしょうか。

命やこの体もすべて、うまくできておるのじゃ。天から授かったものをよく理解し、大切に使えば良いだけじゃ。

それなのに感謝を忘れて、食う物も、環境も、すべて悪しき毒として甘んじて得て、病や不都合を作り上げる。また命乞いをして毒を再び盛って、どんどん毒責めで、苦しんでこの現世を去る。

まこと感謝の無い生き方ぞ。

——例えば漢方のような、自然の世界にあるものを使った治療をどのようにお考えですか。

その漢方も、商売としたら同じじゃ。漢方を取り入れて、自らの食を取り入れないとすれば、阿呆《あほう》。すべてが漢方ぞ。

——食べることも含めてということですね。

息を吸うことも。すべてが薬膳ぞ。

——医療や科学の発達によって、昔よりも現世での命の時間は長くなりました。そのぶん、この世での学び、経験や感動も増えることになったのではないでしょうか。

さよう。

——それは意味があるとは言えませんか？

意味がある。悪《あ》しき間違い、罪を、それだけばらまくことにも意義がある。長く生きたら、長く生きただけの償いは必要ぞ。

――私たちがすでに必要以上の医療や科学を手に入れているとしても、進歩を追い求める欲は尽きないように思います。

さよう。ただ長く生きて、膿《うみ》を作り上げ、膿を出すのみ。

――これからは、どんな医療も科学も、自らで取捨選択するしかないということでしょうか。

さよう。いや、元々そうじゃ。元々みな誰もが、一人ひとりが取捨選択じゃ。それをしてこないのに問題がある。なぜ〝これから〟なのか？　元からもそうじゃ。わしらの時でも同じじゃ。一人ひとりが取捨選択し、そして感謝しながら生きたものじゃ。

■江原解説

正があれば負があります。寿命を延ばしたところで、そのぶんの苦しみが付いてきたりもします。例えば薬は使い方次第で毒となる場合があります。どのような治療を取り入れるかは自らの取捨選択に委ねられますが、「命乞いをして」必要以上の薬や治療を取り入れたことで、逆に残された日々のクオリティを下げることもあるのです。かと思えば、苦しみたくないと安楽死を願う人もいる。人間は勝手なもので、まさに「気のふれたような生き方」をしているのかもしれません。昌清霊が言う「自然に生き、自然に死する」ことから離れてしまっているのが、現代人なのでしょう。

食の安全と食料危機

――この先、私たちは食べていけますか

――食品の安全性が疑われています。農薬、添加物、遺伝子組換え食品、ゲノム編集食品など、自然のものではない食品があふれていますが、霊界はどのようにお考えでしょうか。

すべてはたましいの映し出しに過ぎぬ。どこをとっても同じじゃ。

ぬしらは目くじら立ててなんとかしようとしているが、わしらから見れば、そもそもが厚かましい。

なぜならば、現世《うつしよ》の者たちはそもそもが土を耕し、自らの糧を得る、感謝して得るということを捨てたではないか。悦楽の道を選んだではないか。都《みやこ》に出て誉れを得て、その誉れをみなが望み、誉れこそが幸せだと。

自然への感謝と賛美、本当の美しさはどこにある？　もちろんすべては否定しない。す

べては学びじゃ。都で、別なる美を追求したところでそれも良し。しかし、忘れてならぬのは、その多くは自らが捨てたこと。自らが捨てたことで、良きものを味わえないと目くじらを立てるのは、甚《はなは》だ厚かましいと、わしは思うがの。

——では、自然の土を耕していた生活に戻ることについてはどうでしょうか。

そこに感謝があるならば、自然への賛美があるならば、そこに神を見たならば、それは素晴らしき気づき。

ただ突然に、飯《めし》を得るためや、ただ現実を逃避するためならば、そもそも都会に誉れを求めていった者と、変わらぬ。

——自発的に、内なる光があふれるように自分から行動するかどうか、ですね。

さようじゃ。そうでなければ気づかぬ。

ぬしが水を飲みたいときに、何かを考えて水を飲むのか？　人から与えられるのを待つのか？

水をなんとか飲むこと、それしか考えられぬはずじゃ。

——日本のみならず、世界中で食料危機の不安が高まっています。

自業自得。すべてが自業自得。

わしらの時代など、食うものは乏しく、いかに食えるものを探すかに躍起《やっき》になり、まこと様々工夫凝らし、身を養うようにして暮らしていた。ぬしらの代《よ》は豊かな暮らしとなり、食うことに困ることは無いはずじゃ。

食うよりも優先することがあるから、このようになるのじゃ。

——食料がなくなり、より飢餓が増えると言われています。

なぜじゃ？

——人口が多いのが原因とも言われています。

嘘じゃ。

——今の人口でも、生き方を変えれば人類が飢えずに生きていけるということでしょうか。

さようじゃ。飢えることなど無い。

まして文明の利器を様々持ち、また新たなることも生み、開発し、研究しているではないか。

わしらの代では、海に遠く暮らす者は川のものを得るしか無かったが、今ではどれほど遠いところであっても、運ぶこと、保つこと、すべて容易にできる代となった。となれば、なにゆえに飢えるのか。

もし「飢えないように」と思うのであれば、作物を育てるための田畑をより多く作れば良いのに、ぬしらは田畑よりもビルヂングに重きを置いているではないか。

――ではゲノム編集と呼ばれるような食べ物について、霊界はどうお考えでしょうか。

小賢しい頭利口。

そのような〝遊び〟をせねばならぬのか？

そのようにしてどれほど横着をしたいのか、遊びたいのか、ただ金儲けをしたいのか。

この世には、いやこの地球では、ぬしらが食うだけの土地はある。また食うだけの海もある。足りないことが無い。なのになぜ、そのようなことをせねばならぬのか。根本から間違っておると、言うておる。

――自然に感謝し、その恵みをいただくように生きればよいということですね。

いや違う！

感謝したとて、心根を変えねばならぬ。

この土地のすべてを、そのように食うことをまず、第一に考えれば良いわけじゃ。しかしぬしらは、食う以外のことを考えておるではないか、ということじゃ。

コオロギ食推進の真実

――コオロギ食は人間の体にどう影響しますか

――タンパク質を補うために昆虫のコオロギを食品とする研究が進み、すでに市場に出回っています。コオロギ食は人間の体にどのような影響を与えるのでしょうか。

小我《しょうが》の口減らし。

それに過ぎぬことでござる。

小我の小競り合いの中で、虫食わせて、少しでも命を削らす。いわば口減らしをしようとしている。

ぬしらのその、流行病《はやりやまい》や、ワクチンやらも、いわば口減らしということじゃ。

――コオロギ食が〝口減らし〟につながるというのはどういうことでしょうか。

食う物では無いからじゃ。毒であるからじゃ。

コオロギ以外の、わしらに与えられた天からの実りを大切にし、食うていれば良いのに、わざわざ毒を食らう必要は無いということじゃ。

毒を食わせて、口減らしをしたいのであろう。

――日本ではイナゴを食べる風習があったり、他国では昆虫を食べる民族もいたりします。

イナゴとそれは違う。似て非なるもの。何ごとも必要以上に食えば、みな毒ぞ？

――〝口減らし〟ということは人口削減をしたい意図があるということですか。

さようじゃ。そしてそこでまた金儲けもあろう。すべては小我じゃ。小我の映し出しじゃ。

――人口削減の目的はお金なのでしょうか。

金であり、すべて我が物にしたいという、気がふれた者たちの考えじゃ。

――人口削減を意図しながら、コオロギ食やワクチンを勧めているのですね。

のもおる、ということじゃな。

かといってそれの何が悪い。

みな小我の学び合いで、すべては類魂ゆえ、そのように磨き合っているわけじゃ。

それをただ悪く言う。それは誰でもできる。

ならば、それが悪しきことだと思う者たちは、それまで食というものを大事にしてきたのかということじゃ。

――悪しきことと思うならば、自分が変わればいいということでしょうか。

いやいや、わしが申しているように、自然に感謝し、賛美し、わしらは食わしてもらっておるわけじゃ。わしの時代のほうが、それほどものは無かった。しかし山に入れば、山にはたくさんの味物《ためつもの》（食物）があり、そしてまた海にもあり、川にもあり、季節ごとに養われ、その他の穀物などを育てれば、生かしてもらえるわけじゃ。

何が不服であろうか。

ぬしらが作り上げた生活のあり方は、自らで首を絞めているだけ。そこで小競り合いのように誰が悪い、これが悪いと言うていることが、あまりに滑稽。

しかし、そのように素晴らしき学び合いがあるのであろう。それだけじゃ。

いわば幸せというものを、ぬしらは必死に追い求めているわけじゃ。

ある者は都でテクノロジーに囲まれて、華美なる暮らしをすることが幸せだと思う。

自然の中で、山菜やら、なにやらを食わせてもらい、そこで花や自然を愛《め》でて、賛美し、歓ぶ者、幸せを感じる者。

そしてまた、世界を牛耳り、商売をして生きるということを賛美する者もいる。

みな共通しているのは、それぞれが〝幸せ〟を追い求めておるわけじゃ。

どの幸せにするかはぬしら次第。自分が望む幸せをすれば良い。

何かに不平不満を持ち、何かにぶら下がって生きるよりも、自分ができる限りの幸せを追い求めるべきではなかろうか。

いちばんいかんのは、悪者を作り、誰かのせいにすることじゃ。それはあってはならぬ。

なぜならば、それぞれが自分自身の生き様で追い求めることができ、できない時代が来たとしても、それをも自らがしたことだからじゃ。

「嫌なものは嫌だ」と、言えることが大切じゃ。

――なぜコオロギなのでしょうか。タンパク質を補うための研究だとしても、食品としてあまりに飛躍しているように思います。

わしらが聞きたい。そんなに好きかどうか、わしらが聞きたい。

足元の実りに気づかず、コオロギが好きだとは！

それを食いたい者、ウジを食いたい者、その趣味に、わしらは付き合う必要はない。

――私たちは、それを拒めば良いのですね。

さよう。

――みんなが食べていくだけの食料はあるにもかかわらず、人口削減を計画し、実行するためにコオロギ食を勧めているのだとしたら、その考えは傲慢ではないでしょうか。

その通りじゃ。しかも、まかなえないはずは無い。

――私たちはその事実を、認識しなければいけませんね。

さようじゃ。

勝手な妄想、または勝手な流布に振り回されていることが問題じゃ。

ではこの星の国土、土、海、その広さ、すべてを計ってみよ。食い物は作れる。そしてまた、余計なことをしなければ良いのじゃ。

すべては小我。欲得で自らの首を絞めている。本当に〝食うこと〟を考えるならば、食うだけのことはできる！　必要なことは、すべて与えられておる。

気候変動と食

――異常気象で作物が育たなくなるのが心配です

――環境悪化や気候変動により、作物が育たなくなるという心配もあります。

先に申したことと同じじゃ。

食おうと思えばいかようにでもある。にもかかわらず、ぬしらはそれをしようとせず、むしろ趣味なのか、金儲けなのか、遊びなのかわからぬが、そのように右往左往しておるだけ。

気候変動というのもまた同じで、そのような心配があるならば、まこと自然に合った生き方をすれば良いだけじゃ。

それを天変地異に結びつけて、次から次へと、遊び、いや趣味、いや金儲けをせねばならぬのか、わしが聞きたい。

――自分たちの生き方を変えることが大事だということですね

さようじゃ。

ぬしらの進歩とはなんじゃ？

――現世に生きる者としての進歩は、より豊かに、より便利に生きることだと思います。

より便利とはなんじゃ。

元々ある恵みというものに目を向けて、感謝し、育てること。新たなわがままはいらぬ。

そう思うがの。

ぬしらが阿呆《あほう》なのじゃ。

上塗り、上塗り、上塗りすることが進歩か？

上塗りでない、地《ぢ》を、元の地を理解し、足元から正すこと。これが霊性の高い進歩じゃ。

――今、建物の中で水耕栽培をする考え方もあります。

それが必要であるならば、するがよい。

が、さっきから申すように、元の地に感謝し、そのうえで足りぬというならするが良い。

上塗り、上塗り、上塗りにおいて、毒を食らうは、まことではない。

地球温暖化は本当にあるか

——私たちが温暖化を招いているのですか

——人間活動による温暖化現象というのは、本当に起きていますか？　それとも地球温暖化は、〝地球の営みの中で起きる自然な気温上昇の時期〟に過ぎないのでしょうか。

どちらとも言えぬ。

なぜならば、この世を脅《おびや》かすような温暖化というものは、無い。それは脅しの嘘じゃ。

そのようなことは無い。

しかしもう一方で、わしらの頃とは桁違いに、はるかに、ぬしらの代《よ》は熱を放つ。暮らしすべてが自然を破壊するようなことばかり。「どちらとも言えぬ」と言うのは、そのためじゃ。

しかし悔い改めれば、すぐにでも改善はできる。そのような脅しに震えずとも、改善する道はあるということじゃ。

――環境問題において、温暖化という言葉がひとり歩きしているようなものでしょうか。

商売じゃ。

しかし、事実、この自然界は破壊されている。

商売だと気づいたからといって、この自然を破壊して良いわけではない。わしらの頃とは桁違いに違う。気温上昇することもあるが、しかし悔い改めればすぐに戻る。戻すことはできる。

例えば、今日一日、みなが何か熱を起こすことをしないとするならば、今日一日でも大きな変化はあるということじゃ。わかるかな？

――それならば、人が自らの行動を律するために、「人間活動が異常気象を招いている」というのを方便に利用してもいいのではないでしょうか。

いや、逆もある。その方便、それらを免罪符として、良きこととしている者たちも大勢おる。

だます者。免罪符として悦に入る者。どちらもおる。わかるかの？

――世界は今、持続可能でより良い社会を実現するためにすべきことを共通の目標として掲げています。SDGsと呼ばれるこの動きは、今おっしゃられたことに通じると思います。

さよう。

そのようなことよりも、まこと、自らに与えられたこの現世《うつしよ》の宝を大切に守ることのほうが大事で、それらを商売、小我《しょうが》、様々な欲得に使うことは、大いなる間違い。

また、それを良きこととして、免罪符の悦に入る者たちも同罪。

正しき真実を見て、その真実にふさわしい生き方をする者たちが、本来、見る目、真《まこと》を見る目があることになるが、まぁ、すべてが学びぞ。

――有機フッ素化合物やプラスチックなど、人工的に製造された化学物質による環境汚染や健康被害も問題になっています。便利さの追求によって起きている問題だと思います。

恩恵にあずかれば、必ず負がある。同じじゃ、すべて。なぜ自らの生き方を棚に上げて、善を振りかざすかのう。

■江原解説

環境問題への取り組み方について、霊界からのメッセージは〝イエス&ノー〟と言えるでしょう。「温暖化」は商売に使われているだけですが、それとは別に人間が環境を壊している事実は受け止めなければならないということです。〝SDGs〟といったスローガンを掲げると人々は信じやすくなり、ビジネスにも使われやすい。しかも環境に対して「良いことをしている」と悦に入りやすくなるが、それは「間違い」だと。霊界は、大げさなことを考えずとも、一人ひとりの行動次第で気温上昇といった現状をすぐにでも変えられると言っています。

日本が売られる本当の理由
——なぜ売国ともとれる政策が決まるのでしょうか

——日本は食料の輸入をどんどん拡大し、その影響で国内農業は縮小しています。農業を大事にせず、自国の食を守らない政策に国民からは疑問の声が上がっていますが、政治家がまるで〝売国〟ともとれるようなことをする理由はなんでしょうか。

恐れじゃ。すべては恐れ。

——何に対する恐れでしょうか？

この国が滅びるやもしれぬ恐れ。同じ滅びるのであれば、わしらの時代であれば、ともに腹をくくってゆくであろうが、しかしぬしらの時代を見れば、責任を負いたくない者たちが、ただただ怯え、怯えて、時を重ねるのみ。すべては恐れなのじゃ。

——自分たちが責任を負いたくないという恐れでしょうか。

さようじゃ。

他の、外《と》つ国《くに》（外国）からの脅しに屈するようでは、感謝の暮らしはできぬのじゃ。すべては脅し。その脅しが、本当にそのようになるのか、否か、試してみるが良いと思うがの。

——脅されている人たちはどういう状況なのでしょう。

従わなければ、この国が戦《いくさ》に巻き込まれるやもしれぬ。他の圧力がかかるかもしれぬ。そうなれば取り返しがつかないと思うから、ただただすべて言うことを聞いて生きれば良いという、今の世にもあるいじめる者と、いじめられる者の構図に等しい。

この国はいじめられている子じゃ。

いじめている子は、「従わなければいじめるぞ。殴るぞ。村八分にするぞ」と、脅すわけじゃ。

それが怖くて、おっとう（父）にも、おっかぁ（母）にも、きょうだいにも言えず、従うのみ。それが今の、この国ぞ。

――そのような状況の中にあって、日本はどうするのがよいのでしょうか。

一度、腹をくくって、「そうするならするが良い」と。

まず自国を守ることじゃ。足元を幸せにすることじゃ。真実を、明らかにすることじゃ。

――それは国民として生きる私たちが、声を上げるということでしょうか。

それもそうであるが、この国を守る者たちが、事実を明らかにすることじゃ。

――政治家ではなく、国民がすべきという意味ですか。

いや、その政治家じゃ。

しかし明らかにするにも脅されている。その者たちにも、うからやから（家族や親族）、子どももある。ゆえに言えぬのじゃ。

――いじめる側は何を目的としているのでしょうか。

金、商売、豊かな暮らし。

誰かが豊かな暮らしをするには、誰か泣く者を作る。これが外つ国のやり方。

国によって善悪の判断も違うのじゃ。常識は違うのじゃ。その国、その国の常識があるが、その常識が理解できぬ場合も、相手の常識を知ったうえで、こちらは判断をするべきなのじゃ。

■江原解説

大量のトウモロコシを輸入しコーンスターチとして甘味料に加工すれば、国内のサトウキビやテンサイ農家は打撃を受けますし、脱脂粉乳やバターを輸入すれば、国内の牛乳は余るでしょう。その矛盾が生じるのは国家間の「いじめ」があるから。他国から脅されているのは政治家であり、官僚。とくに官僚はサラリーマンでもあり、なんとか自分の代では問題を起こさず静かにやり過ごそうとする一面があるのかもしれません。どんな脅しかはわかりませんが、政治家や官僚が「事実を明らかに」し、「腹をくって」ノーと言うことが、「自国を守る」ことにつながると霊界は言っています。

世界はひとつという考え方
――グローバリズムに向かってもいいのでしょうか

――国を超えて世界がひとつの方向に向かうグローバリズムという考えが広がっています。このように世界はひとつとして生きていくのが良いのか、それとも日本は日本としての文化を保ち続けることが良いのか、どのようにお考えでしょうか。

世界はみなで助け合い、〝ひとつ〟。これがいちばん良い。しかしそれは〝商売としてひとつ〟ではない。

みなが協力し合うには、この国はこの国としての豊かさを得て、他に対しても、外《と》つ国に対しても助けてゆく。それは国という単位でなくても良い。同じなのじゃ。理《ことわり》はひとつ。自らを助けてこそ、他者を助けられる。違うか？

――自分がまず他を助けられる自立した存在になることが、この国が自立した国になるという理解でよろしいですか。

さよう。それがまた他を助けられる。それぞれが自立して助け合える。補い合える。我が短きを長きに変えるには、その長き国からいただく。そしてこの国の長きものは、他の短きを助ける。

――では、私たちは自分たちが住む国の文化を大事にしていくのがいいということでしょうか。

さようじゃ。文化というものは、昨日今日できたものではなく、そこにある道、そして学びがあるわけで、それは外つ国においても同じ。それを尊重し合うことが大切。それがなければ、ぬしらの世にある、美術館、博物館、それらの意味が無くなる。意義も無くなる。

文明というものは、様々あるからこそ、そこに学びがある。

文明から文化へ、〝学びが化ける〟と書くのじゃ。活かす、ということじゃ。

■江原解説

現世での「世界はひとつ（グローバリズム）」という考えには、裏に商売が絡んでいる場合があることを霊界は指摘しています。霊界は「みんなで助け合う」「補い合う」という意味でのグローバル化は否定していません。それぞれが自立し、助け合える関係となるのが良いということは、国でも個人でも同じ理屈なのです。

国同士の摩擦、有事と戦争の可能性
――日本は有事に巻き込まれますか

――日本には残念ながら、韓国や中国などの隣国に対して、嫌悪感を持つ人たちがいます。

外《と》つ国に対する嫌悪感を作る者がいて、その影響、流れに感化されておるだけじゃ。その元にあるものは金。すべてやましい小我《しょうが》からそのような感情を生み、それを真に受ける愚かな者たちが、そのような悪しきならいをする。

すべての者が史実を知り、そして謙虚に学べば起きないことじゃ。

すべては欲得、小我、金儲け。

韓国においても、金が欲しいゆえ、歴史をねじ曲げる。で、また他の思想を持つ者たちや小我な者たちがこの国の中にもいて、それらが歴史をねじ曲げる。あえてそうしているだけで、それを真に受けて信じるからいけないと申しておる。

それを無くすには、正しき歴史を理解せよということじゃ。

わしらから見たら、あまりにもアホらしいことばかりぞ。

真実をねじ曲げて、嘘を作り上げて、あえて仲をこじらせる。

――今、台湾と中国の間で戦争が起きるのではないかと心配されています。

それは中国の欲、小我、金であろう？

――そこにはアメリカも関わっていますか。

もちろんそうじゃ。邪悪な国ぞ。中国も邪悪じゃ。みんな欲得、すべて自分のものにしたい者たちじゃ。

中国においても、その所帯が多いのはわかるが、それだけの土地も持っておる。なんとでもなるはずじゃ。それを台湾まで利用して、海の幸、海の領域をも我がものにしたい。それはなぜかというと食をまかなうための小我、金儲け。

分かち合う心が無いからじゃ。

韓国は韓国の海、台湾は台湾の海、日本は日本の海、中国は中国の海、それを領域、海域と言って、ちゃんと分けたはずじゃ。

人の皿にまで手を伸ばすことじゃ。はしたないことじゃのう。

――人間の欲に限りがないとそうなるのですね。

隣の丼《どんぶり》にまで手を突っ込むようなことになるのじゃ。

しかももっと恥ずかしきことは、親が子どもの丼にまで手を突っ込むことじゃ。

――台湾有事が起きると日本も巻き込まれる可能性があります。現実化するでしょうか。

さぁ、知らぬ。

このままではそうなるであろうが、ぬしらがどうするかじゃ。

この国も、わしらの生きた代《よ》以降においては、そのような正義もあった。外つ国を、隣国を助けようとすれば参戦することになり、そのような戦もあった。

しかしもう戦ではなく、知恵でもって、また謙虚さを持って、それらを変えるべきである。

しかしまぁ、この現世《うつしよ》というものは、つまずき、転び、大やけどをして学ぶものであるから、好きなようにやればよい。

どのみち、正しきは真《まこと》の世にあり、その世に帰って、大恥をかくが良い。

――私たちは腹をくくり、生きることが大事だということでしょうか。

さよう。

――前世を含めて私たちのたましいの歴史の中には戦争や戦の経験があるはずです。「戦争は嫌だし、いけないことだ」と思って生まれ変わっているはずなのに、今、戦争をしない生き方ができないのはなぜですか。

欲、小我、銭、商売。商いじゃ。

――私たちはたましいの底から、「戦争は嫌だ」とは思っていないのでしょうか。

さよう。仕方が無いと思うておるからじゃ。

――では戦争にならないためには何が必要でしょうか。

生まれ変わるよりほか無いなぁ。

日々の中でも人と人が毎日、戦争をしている。

――それは家族の中でのケンカなども含めてという意味ですか。

さようじゃ。同じ場所にいるだけで小競り合いをする。すれ違いぶつかっただけでも。

戦争が好きなのじゃ。

戦争、戦とは何かと言えば、小我の表れ。小我の表現。それしか無い。みな同じじゃ。個も国も、みな同じじゃ。

――始まった戦争を終わらせるためには、相手の立場に立って考えることや思いやりが必要だと思いますが、どう思われますか。

さようじゃ。あとは身の程を知ること。そもそもしないこと、起こさないこと。

■江原解説

台湾有事に関して「親が子どもの丼にまで手を突っ込む」と表現していますが、〃親子〃は〃同じ民族〃を意味します。元をたどれば日本人のルーツは大陸などにもあるわけで、民族としてのつながりはあります。中国、台湾、韓国、日本の関係を見たとき、隣国としての〃人の皿〃〃隣の丼〃、同じ民族という視点での〃親が子どもの丼にまで〃という解釈が成り立つのです。

戦争では武器商人等によって莫大なお金が動きます。一方、国民はプロパガンダに洗脳されやすく、過去の戦争でも新聞などマスコミが国民の戦意をあおった側面がありました。よほど注意して個の生き方を貫かないと、戦争を「仕方がない」とすら思ってしまうのです。家族同士のケンカという小さな戦争をしてしまう自らの「身の程」を知り、足元から戦争を起こさないことが大切だと、霊界は教えてくれています。

富士山噴火と祈り

――富士山噴火が心配です

――富士山の噴火が心配されていますが、起こり得るのでしょうか。

必要があれば起き、必要無ければ起きない。また必要あれば被害を被り、必要無ければ被ることも無い。

――必要以上に恐れることはなく、腹をくくって生きろということですね。

さよう。なにひとつ、富士に関わっても、またそうでなくとも、その土地に対する愛着も無いのに恐れだけを持つのは、まことおかしいことじゃのう。

――富士山が噴火しないようにと祈る人もいます。

スカスカ。

祈るならば、大地を大事に耕すべきじゃ。

何も伴っていない。

実りというもの、与えられたことへの感謝も無く、その実りを讃えることも無く、ただただ祈って何になる！　アホらしきこと。

まぁ、それもつまずいて帰ればわかること。

——昌清様が考える祈りとは、どのようなものでしょうか。

祈りとは、その実りに感謝し、その実りを継ぐこと。

日本の資源の行方
——水などの資源が他国に買われています

——太陽光など自然エネルギーを利用することは、一見すると地球環境のことを考えているように思えます。

金に関わることはすべて同じじゃ。先ほどから申しておるように、小我《しょうが》、欲得、金。何の面であっても同じじゃ。答えは同じ。

——本当の目的はお金であるということですね。

さよう。

感謝があれば、別の実りに気づき、その実りを活かしていくことができるはずじゃ。すべて金に換えられるものか、否かで考えることに間違いがある。

——日本の国土では、水などの資源が他国の人に買われるという現状があります。

すべて同じじゃ。与えられた実りを守るか、否かだけじゃ。アホか！

――水道事業について言えば、自治体が水道施設を所有しつつも、民間企業が運営できるという法律が成立しました。人口減少などで財源が不足する中、老朽化する水道管の更新やサービスを効率良く提供するためとされています。

そう思う者たちが集うならば、そうすれば良い。金がないなどは嘘である。ぬしらの流行病《はやりやまい》やら、なにやらでは、散々な金を出すではないか。または様々なものを買ったりする。国がするようなことには金を出しているわけであるから、本当に必要ならば、水道の老朽化も直せば良い。直せるはずじゃ。すべて嘘じゃ、屁理屈《へりくつ》じゃ。それは通用しない。で、またそれも同じで、それが嫌な者は自然を賛美し、生きること。まだこの国にもあるぞ、山は。

――昔の時代と比較すると自然が少なくなっていますが、今でもそのような生き方は可能ですか。

さよう。人は何でもやる気になればできる。

陰謀論から得る気づき

――陰謀論で言われていることは本当ですか

――陰謀論と言われるものについてお尋ねします。人口削減のために、空から薬物をまくことがあると言われています。

何があってもおかしくなかろう。

土地の取り合いも、嘘を流すのも、みな同じじゃ。ぬしらは天から嘘をばらまいておるわ。常に、この世に嘘を広げている。

何があってもおかしくない。クソのようなものじゃ。いや、クソはマシじゃ。クソには実りがある。

――肥やしになりますね。

クソ以下じゃ。毒じゃ、すべて毒じゃ。己の小我《しょうが》、考え、それを正当化させるために流布する者たち。その口の災い、耳の災い、目の災い、すべて災いじゃ。

くだらぬことを論じている暇《いとま》があるならば、実りに感謝し、地を耕すことじゃ。

――では人口削減を目的に世界大戦が引き起こされるというのは、本当でしょうか。

うむ、あると思うなぁ。

すべて自らの企てに従わすことに、より快感を得る者たちがいることは事実。

――私たちはその事実を知っておくべきですか。

どちらでも良い。知ろうが、知るまいが、現実を見ればわかること。

例えば、先に「食料危機」と言うたが、食料危機ということを知らなければ、食を無駄にすることにも気づかぬか？

――いえ、気づくべきです。

食料危機と言われる前から、食料を無駄にしているとは思わぬか？

――はい、その通りです。

知る、知らないよりも、気づくこと。気づいたならば放置しないこと。また、気づいたことは責任を持って実行すること。

戦争も同じ。みなで声を上げたところで、それよりも足元を見つめて、正しき歩みをすれば良いだけのはずじゃ。

——では原発についても同じでしょうか。原発を使い続ければ私たちの生活に大きな影響を及ぼすと、私たちは知っています。ならば使わない選択をするということですね。

さよう。

だが使って、そしてまた想像通りのことが起き、いや、想像以上のことが起き、悔やみに悔やんでゆくのじゃ。

そのどちらの学びも素晴らしい。どちらの学びを得るかである。

霊界と私たちについて

――霊界は私たちに何か働きかけていますか

――霊界は私たちを見守り続けているのだと思いますが、私たちに対して何か働きかけというようなものはされているのでしょうか。

無い。

あるならば、気づき。その気づきを少しでも得るように、または器を少しでも大きくするように、そしてすべてに間違いは無いということを知らせているだけじゃ。すべてはながーい、ながーい、たましいの旅路の途中。ぬしらには先が見えぬから目くじらを立てるが、永遠《えいえん》のたましい、いわばとわの道のほんの今、いっときじゃ。過去にもその流れがあり、またこれから先も同じように続いてゆく。

そして少しずつでも輝きを増す、必ず増す。

なぜならば、人というものは痛い思いをすれば、必ず少しは成長する。ほんにたましいに響けば。

しかし、気づくことは大切じゃや。すこーしでも、このわしを通しての、この言霊《ことたま》であっても、少しでも気づく者は今までもたくさんおるわけじゃや。

ということは、その気づきのためにわしら幽世《かくりよ》は動いているだけで、この先の未来を何か変えようなどとは思ってはおらぬ。

――では現世に生きる人々も、気づきのために人に伝えたり、自らで行動したりすれば良いということでしょうか。

静かに。

力尽くで変えようと思って変わるものは何ひとつ無い。

力尽くで変えようと思えば、それはぬしらの言うところの、〝闇〟の、小我《しょうが》の力と同じことになってしまう。

表裏一体。力尽くで気づきを促すのも余計なお世話。小我に向かって、欲得で人を動かすのも同じ。実は表裏一体じゃ。

それに気づいているかどうかじゃな。

このまま行けば、その小我の垢にまみれて、この現世《うつしよ》は悲惨なことになるであろう。

そこでの気づきが大いに期待されるところじゃ。

人は死して死なぬ。

ほんにたましいのことを知る者は、わしの言葉がわかるはずじゃ。

――沈んでいく様が目に見えている中でも静かに伝えること、大我《たいが》の愛で生きることが大事でしょうか。

沈んでいるように見えるのは現世のまた、これまた小我の目であり、わしらからすると沈んでいない。

たましいの曇りを映し出しただけで、その先にあるのは気づき。

たとえこの世がどのように、煉獄《れんごく》のようなことになろうとも、そこにあるのは学び。賛美であるゆえ、たましいの賛美であるゆえ、わしらは喜ばしく思うぞ。

――来世があるとしても、私たちは少しでもこの世で成長したいと思っています。しかしそう思うことは傲慢なのでしょうか。

いや、そのようなことは無い。気づくことじゃ。でなければ、わしらがこのように現れて伝えることも傲慢になってしまう。この現世であっても気づき、少しでも良き道をたどる方向、気持ちになるだけでも、それは大きな意味がある。

——賢者は歴史に学ぶと言いますが、私たちはなかなか身に染みて学ぶところまではできません。

賢者は痛みに学ぶこともあるのじゃ。様々生きていて得る痛みから学ばぬからいかんのじゃ。痛みを知れば、道は正せる。多くの者たちは痛みを知らぬ。

——歴史を知って、そうなるとわかっていても、実際に経験することのほうがたましいに刻まれるということでしょうか。

さよう。それほどに痛みというものは、たましいに影響するのじゃ。響くのじゃ。

——しかし私たちはつい、そこに恐れを抱きます。

または幸せにはあぐらをかく。

――では恐れずに、なんでも挑戦するのが大事だということですね。

さよう。恐れようが、恐れまいが、人のたどる道は同じ。それぞれの立場でもって恐れたところで、生きるしかない。ゆえに、わしらが何を言ったとて、同じことじゃ。

未来への不安を問う

――生きているのがつまらないし、未来が不安です

――現世で子どもを持つ親は、未来に不安を覚えています。

小我《しょうが》の視点でな。

短き世だけを見ればそうであろう。しかし、それも自分たちで作り上げたことぞ。

――その時代に生まれてくる子どもたちも、自ら望んで生まれているということですね。

これまで現世《うつしょ》でも、どれだけの赤子が無残に死んでおる？　戦でもそうじゃ。

そして戦争などでのことも心配しておるわけじゃが、どれだけ葬り去られたたましいがあるか。

厚かましい。虫が良すぎる。

今になって我が子かわいさ、生まれてくる子どものかわいさという美辞麗句を、今まで

たくさんのたましいが葬り去られたあとに、舌の根も乾かぬうちに、よう言えることぞのう！

――そのように霊的視点でものごとを考えることは、なかなか難しいように思います。

現世における一〇〇年、二〇〇年、三〇〇年、その中でどれほどの人が死ぬか。

しかしたましいは永遠であり、繰り返している。

近年においても葬り去られるたましいには、いわばぬしらの世界で言う堕胎、減胎などもある。そのわりには、子どもが欲しい。そして今では子どもを戦に出したくない、戦で子を失いたくない。

きれい事ではなかろうか。厚かましい。

それに気づかぬのは、謙虚さが無いからじゃ。感謝が無いわけじゃ。賛美が無いわけじゃ。

苦しき時代の口減らしではあるまし。今、自らの悦楽の邪魔として葬り去る。

そうやって無念に帰ってくるたましいも山ほどある。

もちろん、それとてたましいの学びじゃ。

母から も疎まれて、戻される。父からも疎まれ、戻される。現世にあれる(生まれる)ことができなかった。腹の中だけで終わった。そのようなたましいが、また次には親子というものの学びやら、生まれる感謝やら、やはりその経験があるものは、次に生まれたときは生まれてこれたことを喜んで、生きるわけじゃ。

今の世のように、「生きてることがつまらぬ」などと言うたましいは、それらの経験をした者にはなかなかおらぬ。出られただけでうれしい。

――「生きていても面白くない、つまらない」と言う人たちは、社会的な背景の問題ではなく、たましいの経験によるものが大きいということでしょうか。

いやいや、もちろん現世の背景もあるであろう。

が、それらのたましいはかつて〝自らの自由というものがない経験と感動〟をしておると、生きるということ自体に自らの行動の制限を感じ、広がりが持てぬのじゃ。それゆえに、常に閉塞感というもの、また、生き方知らず、経験が無いゆえのそれらが現れるわけじゃや。

みな同じじゃ。そんなたましいも、心病むという者においてもそうであろうが、すべての命、みな同じじゃ。すべては曇りを現しての学びじゃ。

——今の時代はそのようなたましいの性質を持った方が多いように思います。それはどういった意味があるのでしょうか。

であるから、言うたではないか。

葬り去ったたましいが多いのに、戻ってきて、どのような感性があるのじゃ。愛されること、愛すること。そしてまたどのように表現して良いのやら、腹の内で終わったたましいはわかるわけがない。

——たましいの歴史として、今も続いているということですね。

さようじゃ。

そのようにこの現世にあれて、親子があり、契りを交わし、そしてそこでの経験と感動があれば、心の表現ができる。交流もできる。

交流のできぬたましいが多いのは、腹から追い返されたたましいが山ほどいるからじゃ。

そしてまた、そのたましいを得る者たちも、どこか子というものを、ただ自らの小我ゆえに「欲しい」と思ったりしたのではなかろうか。またはそのように子に対する愛情に問題があった。また問題というよりも成長すべきことが、学びがあった。だからそこで学ばせてもらう。

必ずこの現世《うつしよ》においても、いや幽世《かくりよ》もみなすべてが、であるが、無駄なことは無いのじゃ。何ひとつ無駄は無い。間違いは無い。

このうちに生まれてきたとて、すべて間違いは無い。病を得て生まれてきたとて、それもすべて間違いは無い。

——間違いはないということは理解できましたが、何もせず、気づきを待ちながら生きるということではないですよね？

生きるということは、必ず気づきがある。何も無い人生など無い。

または「何も無い」ということがあったとしても、「何も無い学び」がある。無意味はない。

——今の時代、人霊としての愛というものが欠けているように思います。霊的世界で言うならば自然霊化という現象が多くなっているように思いますが、この自然霊化、とくに低級自然霊化にはどういった意味があるのでしょうか。

小我にまみれるから来ただけじゃ。すべては災いではなく、たましいの曇りの映し出し。自然霊化？　自然霊にも失礼じゃ。なぜならば、自然霊化というような無機質さは、ぬしらが望んだことであろう。悪いところばかりを模倣したのじゃ。

自然霊とてすべて間違いではなく、自然霊の輝きがある。

ということは、ぬしらは自然霊というものの都合の良い、悪しき、いわば自らのたましいの曇りだけを模倣したゆえ、このようになるわけじゃ。

欲しいものは欲しい。いらぬものはいらぬ。白黒。小我の限りを尽くせばこうなる。それだけのことじゃ。

――二〇一六年には相模原市の障害者施設で、入所していた一九人が殺害される事件が起きました。犯人は「障害者は安楽死させるべき」との考えを持っていたと報じられました。

すべては小我。

「闇に葬る」。先にも申したな。「闇に葬るたましいもある」。と思えば、そのように生まれ出ても、感謝も無い。

みな懸命に生きとるわけじゃ。

「不都合な者は死ねばいい」。また「不都合な者は早く死にたい」。みな、わがまま、勝手じゃ。それだけじゃ。なんの難しい問題も無い。問うことでも無い。

それをわからぬ者は、大丈夫じゃ、ただただ生きれば良い。

――私たちが明るい未来を思い描くことは良いことなのでしょうか。

もちろん、さようじゃ。

――しかし、どうしても悲観的になってしまいます。

悲観したところでなんになる。何も変わらぬ。

感謝という心があれば悲観はない。感謝という心があれば、不幸は無い。感謝の心で見つめれば、すべてが幸いなり。

――今、私たちは母性や父性に欠けていると思いますが、霊界はどのように感じていらっしゃいますか。

さようじゃ。しかしそれもすべては光と闇。闇を知れば光がわかる。すべて不要なことは無い。意味あることじゃ。

――母性や父性が足りないこの世に生きることにも、意味があるということですか。

さよう。そして痛みを知り、理解をすれば良いわけじゃ。

――母性や父性を育むためにはどうしたらいいのでしょうか。

母性、父性に飢えること。

――飢えることですか？

さよう。

闇を知れば光がわかる。光を求める。闇がわからなければ、光は求められない。

大いにつまずき、大いに転び、大いにもがくがよい。

以上じゃ。

■江原解説

自然霊とは、この世に物質としての姿かたちを持ったことのないたましいのことです。民間信仰の「お稲荷さん」や龍神、天狗、花や草木に宿るフェアリーなども自然霊です。霊障などで人間にいたずらをするような未浄化の低級自然霊から、私たちが〝神〟と呼んでいるような高級自然霊までいろいろいます。低級自然霊化というのは、人間の感性が無機質化して、人霊と低級自然霊との違いが曖昧になりつつあること。人間と低級自然霊の同化が増えていることについては、『子どもが危ない！』で警鐘を鳴らしています。ただ、低級自然霊は低俗な心境に陥っている人間の波長に感応しているだけ。「小我にまみれるから来ただけ」で、元はと言えば低俗化した人間に原因があるのです。

第3章　幸せになるための道

幸せになる責任

私たちには、せっかく生きているこの人生を幸せにする責任があります。誰かに幸せにしてもらうのではなく、自分で幸せを実現させるのです。

第1章で、この世にある問題と、そこからわき上がる不安を様々に分析しました。第2章では、さらに霊界からの視点も得ました。

深い分析と広い視野によって、この世の「おかしい」に気づき、現実を理解できたのではないでしょうか。それは運命を切り拓くための準備が整った証です。

あとはこうなったら嫌だなと思う未来から「こんな未来にしたい」へ、変えるだけ。

第3章は、いよいよ幸せになるための具体的な方法について、考えていきます。幸せを実現するための地図を描きましょう。

自分に問う五つの神域

自分がどう生きたら幸せなのか。まずは一人ひとりが自分に問いかけ、きちんと考えることが必要です。

指針となるのが、これから申し上げる五つの神域、《自分の神域》《食の神域》《心の神域》《肉体の神域》《たましいの神域》です。

〝神域〟とは、神我《しんが》の域という意味です。そして神我は誰もが持つ、たましいの奥底にある神の部分、自分自身に宿る神性のこと。

神域とは、自分の中の神が求める道のことなのです。

さて、ここで質問です。人生最大の財産はなんだと思いますか？

それは時間です。

この世における時間は、命そのもの。お金では買えない財産です。

それなのに私たちはその財産を見失って、仕事だ、なんだと追い立てられて生きています。またはなんとなく過ごしているかもしれません。いずれにしても、食品ロスならぬ、人生ロスであり、命ロスです。

スピリチュアルな視点で言えば、人は生まれるときに自分の寿命を決めてこの世に来ます。誰もがそうです。短命だ、長生きだ、と言ってもキリがなく、長いたましいの旅に比べたら、人の一生は〝まばたき〟同然。そんなに差はないのです。

しかしまばたき同然だとしても、その限られた寿命を、ロスするなんてもったいないでしょう。

例えば「ワクチン接種しちゃった、副反応が心配だ。どうしよう」なんて悩んでいるヒマすら、本当はありません。ワクチンの副反応を心配するくらいなら、一日、一日を有意義に過ごしたほうがいいし、仮に余命が三日だとしても、その三日をどう過ごすかが大事なのですから。

世の中では時短が流行です。時間を有効に使うという意味ではいいことですが、たくさんのことをとにかく効率的にすればいいわけでもありません。

大事なのは人生の時間を何に使うか。どこでどう使うのか、という根本的なところを、ちゃんと自覚しているかです。

例えば、みんなが都会を目指すから都会に出て行く。学歴が高いほうがいいよね、就職は大企業がいいよねと言われれば、なんとなくそう思えてくる。でも「本当にそれが自分の幸せか？」と問われたら、首をかしげるのではないでしょうか。

親に言われて〝良い子〟になって、気づいたら自分が何をしたいのかがわからない。そんな人は今の時代、多いように思います。なんとなく流されてしまううちに、自分の本当の幸せさえも見失い、人生の時間もロスしてしまうのです。

幸いなことに、今は多様化の時代です。経済至上主義も崩壊しつつあり、右肩上がりを無理に目指す必要もありません。みんなが「右へならえ」をするように、同じ方向に進む時代は終わりました。

いったん立ち止まって、「人生の時間、この使い方でいいの？」と問うてみる絶好のチャンスが今なのです。

五つの神域は、人生の時間を有意義に使うために、自分のたましいの奥にある神が求める道を、様々な方向から見つめよう、探ってみようというものです。

では、これまで挙げてきた現世にある様々な問題とはどう関係するのか。

答えは、明白です。なぜなら、どこに住むかでエネルギーの使い方も違いますし、食環境だって変わるでしょう。社会はちゃんと自分と連動しています。自分が求める幸せと日本、もっと言えば地球の未来は、上手にすり合わせていけます。ただし、小我ではなく大我の視点があれば。

霊界からのメッセージにあったように、それぞれの求める幸せをそれぞれが目指していけばバランスがとれる部分はある。帳尻は合うはずなのです。

自分の神域

人生の歓びはなんですか

自分の神域とは、自分がしたいこと、人生の歓びは何かを明確に持つことです。幸せな人生で重要なのは、歓びだからです。

第1章で挙げた社会の問題が示すのは、「己の歓びの原点に帰らなきゃいけない」ということではなかったでしょうか。様々な問題や不安と向き合うことは、結局「私の歓びってなんだろう」という思いと、向き合うことではないかと思うのです。

今までは、物がないと幸せと感じなかったかもしれない。でも幸せの原点は、物ではない。ご飯を食べて、家族や大切な人たちがそばにいて、自然を見つめて、「ああ、おいしい」と感じる瞬間にある。もう作られた幸せに、乗っかる時代じゃないんだと、あなただって気づいているはずです。

例えば、コロナ禍において、海外旅行に出掛けることができずにつまらないと思った人もいるでしょう。けれども悪いことばかりじゃなくて、自分が住む日本の良さ、自然の美しさに気づいた人も多かったのではありませんか?

作られたテーマパークで遊ぶこともいいけれど、里山の自然に触れる良さを実感した人だって、たくさんいたでしょう。

負があれば正がある。国破れて山河ありと言いますが、身近なところに宝物があると気づき、コロナ禍をきっかけに郊外へ引っ越した人や、リモートワークができるようになってIターン、Uターンをした人も珍しくありません。

もちろん、やっぱり都会がいいと思った人もいるでしょう。

例えば、テーマパークや舞台芸術が身近にある場所にいたいと思うのは否定しません。いろんな人がいてのバランスだと思うからです。

でも、なんとなく都会にいるのと、「自分は都会のほうが合っている」と思って住むのではまったく意識は違うということです。

自分の神域は、自分をどう表現して生きるかです。

私は科学を否定はしません。科学技術だって、上手に取り入れればいいのではないでしょうか。

リモートワークに象徴されるように、パソコンや通信技術の発達で、住む場所や時間を選ばず、仕事ができ、情報も得られるのはいいことだと思うからです。寝たきりの人だって、パソコンで仕事ができる時代です。私も熱海にいながらリモート取材を受けるなどの仕事ができ、時間を有意義に使えています。

今の時代、田舎にいて近くに病院がなくても、遠隔診療が受けられます。近くの病院に名医がいなくても、遠隔で手術を受けることだって可能になるかもしれません。

そういう意味では、科学技術も使いながら、望む場所で、それぞれの個性を活かした生き方をしていける時代なのではないでしょうか。

日々の歓びを持っていますか

歓びのない日常は、陽の当たらない心であって、萎《な》えてしまいます。それが続けば心は病んでしまうのです。

家族のことで悩む人の多くは、だいたいが家に歓び、歓喜がありません。わかりやすく言えば、笑いがないのです。

住宅ローンを払うためにせっせと働き、「あぁ、疲れた。もう寝よう」とベッドに入り、翌日また仕事に行く。そんな毎日が繰り返されて、「何が楽しくて生きているの?」と思わず自問してしまうような日常だったりします。

私は講演会などでよく、こんなことを言っています。

「お金がなくて旅行に行けないというのなら、駅に並んでいる旅行パンフレットをタダでもらってくれば楽しめますよ」と。

家族でささやかな晩ご飯を食べた後、みんなでパンフレットを見ながら相談。「今日はどこに行く？」「ハワイ！」「よし、じゃ手をつないで、目をつぶって……さぁハワイに行くよ」。あとは空想ハワイ旅行です。

「そんなバカバカしいこと、できないよ」と思う人は、もうすでに歓びのない人です。バカバカしくて笑っちゃうようなことをして、家族が笑う。その余裕が大事なのです。

生活にくたびれた人には、その余裕はないでしょう。

また、お金があれば幸せかというと、そうとも限りません。働かなくてもいいくらいお金があっても、生きがいがなければ歓びにつながらないからです。お金に困らないけれど、することもなくて、結局自ら命を絶ってしまった人もいたほどです。

かといって、世界を牛耳る大富豪のように、支配に生きがいを求めるのが本当の歓びと言えるのかどうか。

コレもできる、アレもできるという足し算の幸せを考えると、たましいの歓びは見えにくくなります。コレが欲しい、アレも欲しいという物欲が生まれるからです。

今、日々の歓びがないという人は、もっと引き算で幸せを見つめてみませんか？

そうすれば、「今日、ご飯が食べられる」「お布団で寝られる」と思うだけで毎日を朗らかに笑っていられます。何げないことで家族が笑う、その歓びに気づけたら、幸せではないでしょうか。

どのように死にたいですか

住むところはもちろん、どんなライフスタイルを持ちたいのか。仕事は？　プライベートは？　どんな年齢の重ね方をしたい？　さらにはどのように死にたいかまで、多岐にわたるのが自分の神域です。

これは明確に言えるようになるまで、とことん自分で考えることが重要です。

なぜ死ぬことまで考えるかと言えば、どんなふうに死にたいかは、どんなふうに生きたいかにも通じるからです。それがスピリチュアリズムで言うところの、生きることの真理。

第2章で、あの世に「何も気づかず戻る者たち」が「ごまんと」いるというメッセージがありました（八八ページ）。死んだことに気づかなかったり、気づいても無念さから死を受け入れなかったりするたましいのことです。

そんなたましいたちは、どのように死にたいかという自分の神域は持っていなかったのではないでしょうか。

なぜなら生きているときに、「どのように死にたいか」を考えていたら、きっとエンディングノートを書いたはずです。

それまでの人生と向き合い、エンディングノートを書いて、いつ死んでもいいように準備すれば、だいたいが「死ぬときが来たら、まぁ、しょうがないな」という心構えができる。そんな人は、エンディングノートを書いていない人よりも、死ぬことへの無念さやこの世への未練は少ないのです。

人がひとり、死ぬというのは、遺された人にとってかなりの負担です。悲しみや寂しさといった感情に浸る間もなく、葬式だの、事務手続きだの、遺品の整理だのといった現実的な手間がかかるという意味での負担です。

それを想像したら、「このまま死んだら家族に申し訳なくて、死んでも死にきれないな」と思うでしょう。エンディングノートには、残された人の負担を少しでも減らす意味もあります。

もちろん死の準備に完璧はありませんが、やるだけやったという思いは必要。人事を尽くして天命を待つというように、「ここまでやったんだもん。あとはなるようにしかならないよ」と腹をくくることができるかが大切です。

この〝腹くくり〟や〝切り替え〟は、生きていくうえでも重要です。

人生には必ず何かが起きる。例えば家が火事になってすべてが焼けてしまったとしても、何かの事情で急に仕事を失ったとしても、ショックは受けてもすぐ切り替えられる人は次へ進めます。「負があれば正があるさ。なんとかなるよ」「こんなことがあったら、次はなんかいいことあるんじゃない？」と。

反省は必要ですが、それ以上に悔やまない。そんな人は、あの世に行ってからもきちんと死を受け入れ、浄化も早いはずです。

食の神域

何を食べますか

食べることは肉体を養うことです。食を守り、どうやって自分のフィジカル、肉体を維持するのか。それを考えるのが食の神域です。

第1章、第2章を通して、食に関わることが私たちの幸せにどれだけ直結するかが、わかったのではないでしょうか。

例えば、食材を調達するにも、どこに住むかで変わるでしょう。都会にいれば多種多様な食べ物が手に入るかもしれませんが、新鮮さや安さでは田舎のほうがいいかもしれません。

ダーチャのように自分で畑を持ってそこで食をまかないたいと思うなら、その土地は買うのか、借りるのか。場所は？　費用は？　考えることはたくさんあります。

実際に畑を借りて家庭菜園を始めた人は「食べきれないくらい収穫できる」と、よく言います。

我が家も、旬の時期にはたくさんの野菜でいっぱいになります。田舎あるあるですが、ご近所さんからお裾分けでいただく野菜もあって、あふれんばかりです。

冬の白菜は鍋や漬け物に、夏のキュウリはサンドイッチやサラダ、そうめんのトッピングに大活躍。

物価高騰の折、「プランターで育てる野菜のおかげで、家計が少し助かっている」と言う人もいます。

そう考えると都会でも、プランターが置けるベランダがあるところがいいとか、南向きの窓があるといいなど、家選びも変わってくるでしょう。

ベジタリアンになる人もいれば、ジビエに興味を持つ人もいるかもしれない。もしかしたら就農する人、漁師や猟師になる人が出てくるなど、職選びにだってつながります。

食の神域という視点を持てば、食べ物そのものの選び方も変わります。

例えば店頭に並ぶ卵やお肉を選ぶとき、国産か、輸入品かぐらいは表示を見るでしょう。加えて考えたいのが、その家畜がどのように育てられているかです。

最近は、家畜をそれぞれの生態に合わせたストレスのない環境で育てるアニマルウエルフェアが推奨されていますが、ぜひそれにも注目してほしいですね。

例えば、狭いケージで、動き回ることができないまま卵を産ませられるニワトリ。日当たりや風通しが悪く狭い豚舎で身動きがとれないまま子どもを産む豚や、自由に動けず、一生つながれたままの牛。

家畜がどのように生まれ、育てられ、また死んでいくかを追ったとき、まるで工場で何かを生産する機械同然に動物が扱われるのは、人道的でないことは明白です。

スピリチュアルな視点で見れば、ストレスだらけで人道的に扱われなかった家畜の、幸せでなかったエナジーは、そのまま卵や食肉に宿ります。私たちが食べれば、その幸せではないエナジーを体内に取り込むことになるのです。

農薬や添加物、遺伝子操作、食べ物が持つエナジー。どこをとっても不自然な食べ物を食べ続ければ、因果によって自分の体にも病という不自然な形で返ってくるのではないか。そんな食物連鎖だって考えられるでしょう。

実に様々なことが食に関わってくるのだと、私たちは心に留めておかねばならないのです。

食べ物をどうやって得ますか

食べ物は、天の恵みとも言います。天のものは誰も所有はできないはずです。

それなのに「種を制する者は世界を制する」とばかりに、世界の企業が日本の食になだれ込んでいます。種子法廃止や種苗法改正がどれほど重要な問題なのかは、食の神域を考えるとよくわかるでしょう。

例えば、三十年以上にわたって広島県が独自に運営してきた広島県農業ジーンバンクの廃止が決まったとき、ゆゆしき問題だと私は思いました。農業ジーンバンクは多くの種子を保存し、農家への貸し出しを行ったり、栽培方法などの情報も蓄積してきたりした機関です。多くの作物が、ジーンバンクによって守られ、また復活もしてきました。

それが廃止されることは、私たちの食が脅かされると言っても過言ではないのです。廃止に伴って一部の種子は別の機関に譲渡されたようですが、そのほかはすぐの廃棄は免れたものの活用方法は決まっていません。なんとかならないものかと思います。

日本の、いえ、私たちの食にまつわる様々なことが変化していますが、失ってから大事なものだったと気づくのでは遅すぎるでしょう。

ものごとには順番があると思いませんか？　いきなりコオロギを出されるのは誰だって疑問に思うでしょう。

無農薬や有機栽培で野菜を作るのが無理だという状況なら、慣行栽培でもいい。野菜を食べられれば御の字《おんじ》です。あれもやったし、これもやった。いろいろ手を尽くしてダメだったら、昆虫食も仕方ないとなるのが道筋ではないでしょうか。

けれども、まだそこまではいっていません。

「食料危機になったらコオロギですよ」と言われたら、きっと多くの人は食料危機にならないように「私は家庭菜園で少しでもまかなう」「食品ロスを減らすぞ」「日本の種を守るぞ」と思うはずですし、行動するはずです。

ちょっとした家庭菜園ならば、季節の野菜をその旬に食べるだけの十分な量が得られます。しかも旬の物は栄養価も高い。キュウリなどの夏野菜は、体を冷やすから暑い夏にふさわしい食べ物だと言われますし、食養生という点でも理にかなっています。

私はスーパーマーケットに並ぶイチジクを見て、「こんなに高いの？」と驚くことがあります。子どもの頃、祖母の家にイチジクの木があって、気軽に食べていたからです。昔はどの家庭にも、そんなふうに何かしらの果物の木が庭先にあったでしょう。季節を感じさせると同時に、大切な食料源でもあったのではないでしょうか。

日本は幸い、海にも囲まれていますから、食資源が豊富です。平地がないところでも、山の斜面に果樹を植えたり、棚田を作ったりする工夫もしてきました。見回せば、いくらでも資源はあるのです。

天地の恵みに感謝する、そんな素朴な生き方が、私たちの食の神域には合っているように思います。

心の神域

生きやすいところはどこですか

心の神域は、自分の心の安定やバランスを保つにはどうしたらいいか、自分の癒やしとなるものは何かを考えることです。ストレスがあれば、自分の神域は保てません。

例えば、「私は呼吸器が弱いから、空気の良いところに住んで、思い切り深呼吸したい」というのも、心の神域を考えればこそです。

また、「自分は都会暮らしのほうがイキイキできる」とか、「夢が果たせる」という選択もあると思います。

柳の木は川辺が似合うけれど、高山には植えられない。逆に高山植物は、平地の街中に持っていっても育たない。それぞれの個性に合った、生きる場所があるのです。

それを見つけ出した人は幸せでしょう。

どうやって見つけるかは、人それぞれです。

全国を旅していろいろな人と関わり、自分探しをしながら、住む場所を見つけた人もいます。

また、コミュニケーションが苦手で人との関わりを避けていた人が、趣味に癒やしを得た。そして趣味嗜好が同じ人とならコミュニケーションできると気づいて、自分の居場所を見つけたというケースもあります。

私は生まれも育ちも東京で、東京以外で生きていくことは無理だろうと思っていました。しかし次第に東京の喧噪から離れたくなり、今では熱海暮らしです。

何に癒やしを感じるかは、人それぞれだし、変わっていくこともあるのです。年を重ねて変わる人もいれば、生まれ持ったものもあるということ。

想像して、考えて、行動に移して、自分の心の神域を貪欲に探してほしいのです。

実りの歓びを持っていますか

昔の人は、一日の労働を終えると、天地におのずと感謝していました。今日も一日、畑仕事が無事に終わった。一日を無事に過ごせたと。

そして収穫時期には実りの歓びがあり、楽しみがありました。収穫祭です。

日本では、ドンドンヒャララの村祭りとばかりに、みんなで歓び合いました。ヨーロッパでも、ぶどうの収穫を祝いつつ、村娘たちが賑やかにぶどうを踏んでワインにしたように、各地で収穫祭があったのです。

ただただ労働に従事し、暗く生きるのではなくて、ちゃんと楽しみを持っていて、だから心のバランスもとれたのだと思います。

現代は自分の労働の対価をサラリーというお金で得て、テーマパークや観光地というお祭りに行くのかもしれませんね。

昔と今、どちらがいいのかはわかりません。ただ、実りの歓び、楽しみもまた、心のバランスや癒やしに大切なものだというのは、覚えておいたほうがいいでしょう。

肉体の神域

自然に生きていますか

肉体や命と、自分がどう向き合うかを考えるのが肉体の神域です。病気をどう予防するか、そして病気になったらどのような治療を受けるかまで含みます。

私はこれまで、人が生きるのに重要なポイントは衣・食・住・医療だと申し上げてきました。しかしこれからは衣・食・住・自然医療に改めようと思います。

なぜなら、人は自然に生き、自然に死ぬのがいちばんだと思うからです。

たましいの視点で見れば、病には三種類あります。

肉の病、思いぐせの病、宿命の病です。

肉の病とは、過労や不摂生などで肉体そのものに負荷がかかることが原因の病です。

思いぐせの病とは、クヨクヨしがちな人が胃腸を悪くしやすいというように、考え方や思考のくせが病に出ること。

宿命の病とは、今生でのカリキュラム、つまり人生のテーマに関わる病や、寿命に関わる病気です。

きっと自分の神域、食の神域、心の神域を考え、良いと思うことを実践していたら、おのずと健やかになるのではないかと思います。とくに肉の病や思いぐせの病は防げるのではないか。また、病気になったとしても、自然に受け入れられるのではないでしょうか。

第2章の霊界からのメッセージにもあったように（九三ページ）、この肉体については「うまくできて」いるのだと思います。そういう意味でも、なるべく自然に生き、病気にならないような暮らしへと整えることが大切でしょう。

第一に住まい。住環境は健康に影響を及ぼします。建材などに含まれる化学物質によって体調を崩すシックハウス症候群はわかりやすい一例です。

また、眺めの良さからタワーマンションの高層階に入居したけれど、いざ生活してみたら落ち着かないという人も。やはり大地から離れすぎたところでの生活は、人間には不自然なのかもしれないと、気づくケースもあるでしょう。

第二に食。食は肉体の維持に直結します。無理なダイエットで栄養失調になったり、食べすぎでお腹をこわしたりするように、食べ方と同じくらい、何を食べるかによって体の調子は大きく変わります。

医食同源という言葉があるように、食は肉の病につながるのではないでしょうか。

日本では、昔から七味唐辛子やシソ、ネギ、ショウガなどを〝薬味〟と言ったりします。食材を薬のように取り入れていたからでしょう。七味唐辛子やショウガ、ネギなどはパンチの効いた香りや味という以外にも、実際に代謝を上げて、発汗を促すなど体に作用します。

また、毎日の食事で体の調子を整えようとする〝食養生〟という考え方もあります。薬味にせよ、食養生にせよ、日本人は昔から肉体の神域における、自然医療を実践してきたのではないでしょうか。

霊界からのメッセージには、「息を吸うこと」も漢方であり、薬膳だとありました。

黄砂やPM2・5といったものが健康へ影響を与えることは知識としてあるかもしれませんが、大気を薬膳だと考える人は少ないかもしれません。

こうして考えると、私たちのまわりには肉体の神域を考えるうえで大切な要素が、たくさんあるように思います。

そして、そこまで向き合ってなお得た病は、宿命の病であり、先に述べたように自然に受け入れられるものではないでしょうか。

私は、まったく病気がない人生がいいと言っているのではありません。病を得たとしても、「なぜ自分がこんな病気になるの？」と自己憐憫に陥るのではなく、その病を通して自分を見つめられるような、健やかな精神を持てることが大事ではないでしょうか。

生命力を意識していますか

誤解しないでいただきたいのは、「自然医療を大事に」と言っても、現代的な治療をまったく受けるなと言っているのではないことです。先端医療というのがあってもいいと思いますし、必要な方もいると思うからです。

何が良くて、何が悪いとは言いきれませんし、それぞれが自分で判断し受ける治療を選ぶべきです。

医学の進歩が寿命を延ばし、それがために様々な苦しみが生まれたのも事実でしょう。

人間も動物だということを改めて思い出せば、もっと自然でいいのではないか。その視点を忘れないことが大事だと申し上げているのです。

私が新型コロナウイルスのワクチンを非接種だということは、すでに述べました。

コロナワクチンと成り立ちはまったく違うもののワクチン（インフルエンザワクチン）の接種歴は、私にもあります。その際、接種後に具合が悪くなった経験があり、ワクチンそのものへの懐疑的な気持ちが湧きました。健康な体に薬剤を入れるということを、安易にすべきではないかもしれないとの思いは、コロナ禍前からあったのです。

コロナ禍を振り返って反省点があるとすれば、人間は自然の生きものであるということを忘れた点でしょう。

だからあれだけ、「治療薬はないのか」「ワクチンはないのか」「開発はまだか」と世界中がパニックになったのです。

もっと人間が本来持つ自然治癒力、さらに言えば自分が持つ生命力に気づくことが必要だったのではないでしょうか。私たちは元々そうしたものに生かされてきたのに、それを忘れ、科学の力でなんとかしようとしていたように思えます。

結局、科学としての知恵もなく、動物としての自然な力も忘れたことで、両方を失った。そのうちに世の中がパンデミックを作り、恐怖を自分たちで作って、いたずらに怯えたと言えるのかもしれません。ロックダウンされた街の、人が消えたゴーストタウンのような光景は、その象徴に思えます。

流行初期に、何もかもが手探りだったのは仕方ないですし、亡くなった方にはお気の毒なことだと思います。

ただ、そのうえであえて言いますが、昔から風邪は万病の元と言うように、ちょっとした風邪でも命取りになりました。ウイルスはいくらでも、自分たちのまわりにあったはずです。持病があったり、元々生活が乱れていたりすれば、それらから受ける影響の度合いも違ってくるでしょう。

それでも人類は生かされてきた。今一度、冷静にすべてを分析すべきでしょう。

自分を大切にしていますか

自分が大事にしている物は愛情を持って磨いたり、丁寧に扱ったりするでしょう。自分の体に対しても、同じ目線を持つことは大事ではないでしょうか。

マッサージやエステ、スキンケアなどで自分の体や肌をケアすることはいいと思いますが、もっと自分の体を優しく労《いたわ》ってほしいと思います。

そのためには、素手で自分に触れること。しこりなどに気づくといった体調管理につながるのはもちろんのこと、肌のハリなどを触れて実感することで体調変化への意識が高まったりもします。

ボディタオルを使って体を洗っているなら、たまには素手で触れることをお勧めします。『あなたが危ない！』でも述べましたが、私は断食指導者の下で、メンテナンスという意味での断食をときどき取り入れています。断食は自己流でやるのは危険ですから、専門家の指導を受けることが必須ですが、内臓を労るひとつのアプローチとして覚えておいてもいいでしょう。

医療に関しても現代は何かというと薬だ、サプリメントだと足し算しがちです。しかし引き算の医療もあるように思います。乱暴な言い方かもしれませんが、毒のような食品を食べて、病気になって、どんどん薬を飲んで、治療を重ねていくのでは、人生のクオリティはどんどん下がっていくのではないかと思います。

私は早くに親を亡くし、ひとり暮らしの時期もありましたが、そんなときでもインスタントラーメンなどで食事を済ますということはありませんでした。幼いときから親が、なるべく体にいいものを食べさせようとしてくれていましたし、「インスタントものばかり食べちゃダメよ」と教えられたことには、とても感謝しています。なるべく添加物を避けるという下地があったのは親のおかげです。

それでもまったく口にしない、というのは無理です。とくに私と同年代の方々は、添加物入りの食べ物が子どもの頃からたくさんありました。「もう今から健康的な生活をしたって、時すでに遅しだよ」と思う方もいるでしょうが、気づいた時から始めればいいと思うのです。

人は変わります。それは悪いことではありません。自分の間違いに気づき、訂正できるというのは、むしろ素晴らしいことです。

「何かおかしいぞ」と思ったら、自分で学んで、確認してください。そして気づいたら、自分を大切にする生き方に変えてほしいのです。

本当の意味で自分を大切にするとは、どういうことなのか。自分にとっての肉体の神域を、見つめるチャンスを逃さないことです。

たましいの神域

たましいの視点を持っていますか

たましいの神域とは、たましいの視点、霊的視点を持っているかと自分に問いかけることです。

私たちは肉体だけ整えても、また心の癒やしだけがあっても、生きていけません。ここまで挙げてきた四つの神域だけでは、物質的価値観で生きているのと同じなのです。

どういうことか、もう少し説明しましょう。

もし、自分の目標を持っていて、体にいい食べ物も食べ、心の癒やしとなるものや健康な肉体もある状態だったら、それなりに幸せに生きられます。でもその幸せは、自己中心的な小我の幸せであり、きっと「世の中のために」という気持ちはないでしょう。

私たちは、誰でも神の部分がたましいの奥底にあります。神性が宿っています。だからこそ利他愛という大我があり、「誰かのために」という思いからチャリティが生まれる。そして、その大我を実践すると、人は本当の意味でたましいの幸せを感じることができるのです。

たましいの神域は、本当の幸せを感じて生きるために欠かせない、パズルのピースのようなものです。幸せになるための最後のピースを、あなたは持っているでしょうか。

人の愛情はどこから生まれるのか。それはたましいからです。無償の愛、誰かのために、という思いは、霊的視点そのもの。

世の中の人がみんな、たましいの神域を持っていたら、世界はもっと愛にあふれたところになるでしょう。選挙の際にはきっと投票にだって行くはずです。なぜなら、世の中を自分だけのためじゃなく、誰かのためにもっと良くしようと思うからです。

自分のことだけを考えたら、「めんどくさい」「用事があるから」という理由で行かないかもしれません。国民の義務とか権利だとかだけを考えても、きっと行かないでしょう。

でもたましいの視点があったら、こう考えるに違いありません。「自分の一票が誰かの暮らしをよくすることにつながるかもしれない」と。その大我の気持ちがあれば、期日前投票でも、不在者投票でも、なんでもするはずで、決して権利を放棄はしないでしょう。

自分だけの宗教がありますか

ここからは少し哲学的な言い方になりますので、じっくりと読んで理解してください。五つの神域を指針にして考え、見つける幸せの道、それこそが本当の意味での宗教なのだと私は思います。

勘違いしないでほしいのは、宗教と言っても、既成宗教のことではなく、また宗教団体に属するという意味でもありません。

誰もがそれぞれに生まれてきた意味があり、生きる目的があります。

霊的視点で見ても、自分を見守り、応援する守護霊がそれぞれにいます。

そして自分が思い描く幸せの道がある。それはあくまでオリジナルな、自分だけのものです。一〇人いれば、一〇通りそれぞれの「五つの神域」があるでしょうし、幸せの形も違います。

ですから五つの神域から導かれるのは、正確に言うなら、自分だけの〝ひとり一宗教〟ということなのです。

宗教という言葉が難しければ、その道を信じ、貫く〝信仰〟と言い換えてもいいでしょう。もっと平たく言えば、自分自身の主義、〝イズム〟かもしれません。

例えば、「自分はワクチンを打たない主義で、その道を貫く」というのなら、それはひとつの信仰と言えます。

多くの人は、神様や仏様に祈ることを信仰や宗教だと思っているかもしれません。でも祈って待つ〝神頼み〟というのはただの受け身であり、依存となりがちです。

本当の意味での信仰、ひとり一宗教が意味するのは受け身ではありません。実践、つまりは自らの行動が伴うものなのです。

だからといって、ただ闇雲に実践するのも、また違います。

例えば、「ワクチンを打たなければいいんだ」「田舎に移住すれば幸せになれるんだ」「家庭菜園をやれば自然への感謝を示せるんだ」というのでは、なにも理解していないまま「こうすればこうなる」という図式に従って行動しているだけ。「どこどこの神社で採れた蜂蜜を食べたら幸せになれる」というような、安易な神頼みと同じです。

実践とは、そこに真の気づき、いわばたましいの目覚めがあって、初めてそれ相応の行動が生まれるものです。

まず目覚めが土台にあって、自分の主義《イズム》、信仰という実践につながるということです。もう少し深い言葉で言えば、目覚めというのは霊性とイコールです。

霊性というのは、人それぞれに違います。生きていくうえで、誰もが違う学びのカリキュラムを持ち、目覚めの段階も違うのですから、霊性も人それぞれなのは当然ですよね。ということは、他者と自分の霊性を比べることには、なんの意味もないことがわかると思います。

よく家族の間で、「自分はワクチンを打たないけれど、その考えをいくら家族に説明しても理解してもらえない」などと苛立《いらだ》つ人がいます。でも、家族であっても自分とは違う人の主義、この場合ならば家族の「ワクチンを打つ主義」に対して、「ワクチンを打たない主義」の自分が苛立ったりすることは無意味なのです。

人はその人の霊性でしか、物事が見られません。自分の霊性以上のことも、以下のこともできないからです。

だからこそ、人と同じ信仰を持つ必要もなく、同じ信仰を強要されることもない。ただただ自分の学びを見つめて、少しでも向上していこう、目覚めて、霊性を高めていこうと自分の道を実践するだけです。まるで道を究める求道者のように。

これからは〝ひとり一宗教の時代〟と言っていいのではないでしょうか。

既成宗教とも違うと申し上げた理由も、わかっていただけたはずです。既成宗教とさえ比較するものでない以上、今ある何かに属する必要はなく、どこかの団体に属する時代でもありません。

まるでそれを示すメッセージかのように、宗教界からスキャンダルや、お金の問題など、様々なトラブルがニュースに挙がっています。依存心でぶら下がったり、群れたりすれば、必ずトラブルが生まれることを如実に表しているように思えます。

五つの神域、自分が信じる幸せは、自分なりでいいのです。

もちろんこれら五つの神域だって、あくまでも自らが自らにする提案に過ぎません。「五つの神域さえあれば幸せになれるんだ」とか、「幸せになるにはこれをしなければならないんだ」と闇雲に信じれば、目覚めなくして実践するだけのケースと同じです。

五つの神域を指針としながら、自分と向き合い、ひとつずつ目覚めていけばいいのだと思います。ただただ自分のペースで。

補い合う気持ちがありますか

本来、社会は物々交換なのだと思います。

自然の多いところで、野菜を育てたり、狩りをしたりする人は、収穫物を出荷します。都会で生きる人は、それらを買わせてもらう。その代わり、都会のテクノロジーを共有します。お金が介在するけれど、意識としては物々交換です。

けれども単なる物々交換ではなく、そこでお互いを補い合うという感覚を持たなくては、幸せな社会にはならないと思うのです。

どちらがいいとか、悪いとかではなく、どんな生き方も対等であり、自分にないところ、あるところを活かして互いに補い合う。それができれば、幸せになれる生き方を互いに認め合い、それぞれの幸せも実現できるのではないでしょうか。

人生、転んでいい

スピリチュアリズムを、転ばぬ先の杖にしたい人は多いでしょう。

でも、人は転んで痛みを知って、ようやく物事を理解できるのかもしれません。そういう意味では、転ぶことには意味があって、学びがあります。

選挙にも行かず、どんな問題が社会で起きても、今は見て見ぬ振りをしている人たちだって、本当にお腹を空かして、死にそうな思いを味わえば、「米を出せ！」「食わせろ！」と一揆《いっき》を起こすかもしれませんね。その昔、日本各地で庶民が立ち上がったように。

政府だって、実際に日本が兵糧攻めに遭って、食べ物がなくなったら焦るでしょう。アメリカやグローバル企業の言いなりになって国を売ってしまったことを、悔やむに違いありません。

語弊を恐れずに言えば、一度、飢えてみれば、国民も、政府も、食を守ることがどれほど大事なことなのか、わかるはずです。

乾いていない大地に雨が降っても、浸透せずに水たまりになるだけ。でも、乾いていれば一気に水は染み込みます。〝身に染みる〟というのはそういうことでしょう。

台湾有事や戦争の心配をする人は多いし、戦争はやらないほうがいいのは、誰だってわかっています。

日本だって直近では第二次世界大戦があり、空襲や原爆を経験しました。体験者からの話を聞く機会もあります。賢者なら、その歴史に学ぶでしょうが、なかなかできないことでしょう。

いつしか戦争を知らない人たちばかりになり、また同じ歴史を繰り返すこともあるのではないかとすら思います。世界の長い歴史を見ても、やっぱり同じ悲劇が繰り返され、経験でしか学ばない愚者の道をたどっているのですから。

そう考えると、スピリチュアリズムを学ぶことに、何の意味があるのかと思えてくるでしょう。平和を願い、訴えても、ちっとも良くならない現状に、虚しさを感じる人もいるかもしれません。

第2章からもわかるように、霊界からのメッセージには不幸を避けるための予言があるわけではありません。転ばぬ先の杖を与えられることはなく、しょせん私たちは転び、痛みを経験することで学ばなきゃいけない。ならばなぜ、たましいの視点を持つ意味を知る必要があるのでしょうか？

それは、転んだあとの検証に大きな違いが出るからだと思います。

親が子どもに、「ほら、そんなことしていると痛い目に遭うよ」「このままじゃ、こうなるよ？」と再三注意しているにもかかわらず、「うっせぇな！」と聞き入れない子ども。結局、親の言う通りになり、「そういえば、お袋がこう言っていたよな」と、ふと子どもは思う。

その意識があると検証が進みやすくなり、すぐ反省点に気づけるのではないでしょうか。

親の注意がなければ、何回も何回も転んで、何度も何度も痛い思いをしたあげくにようやく「こういうことはしちゃいけないんだな」と悟るしかありません。

つまり、スピリチュアリズムは、たましいの「お袋現象」とでも言いましょうか。

だから「戦争はいけない」と、世界平和を唱えることも、無意味ではないのです。

平和が実現できれば幸いで、たとえそれが実現できなくとも、後の反省につながるはずです。平和の尊さに気づきながらも、実践力が足りなかった、どこか中途半端だったと、学ぶ。

悔やみの哲学ではありますが、成長は遂げられます。スピリチュアリズムは検証学として活きるわけです。

じゃあ、何もしなかったら成長はないのかと言えば、そんなことはない。

霊界も「何もない人生などない」し、仮に何もなかったとしても『何もない学び』がある。無意味はない」と教えてくれています。

ぼんやり暮らしていても人間はいろいろ考えるし、喜怒哀楽はあるものです。「何もしない人生だったな」と思うことだって、喜怒哀楽のひとつでしょう。

寝ているだけでも体調の良いとき、悪いときはあって、何かを感じる。他人から見て、何もしていないし、何も感じていないように思えても、生きている以上、本人の中では何かしらはあるのです。

だから本当の意味で「何もない」ことなどありません。

思うように生きて、転んで、それでいいのです。

私たちは少しずつ成長している

人生は短い。その中で人は多面的に生きるわけで、一度の人生で「きれい事」を達成するのは、難しいことなのだと思います。

フランスにある有名な巡礼地ルルドで、私はこんな光景を見ました。

昼間は、礼拝が行われ、祈りを捧げるために人がたくさん行列に並びます。ボランティアで病人に付き添う献身的な看護師姿の人もたくさんいます。誰もが敬虔《けいけん》な様子です。

ところが夕方になり日が沈むと、川辺のレストランでは、どんちゃん騒ぎの宴会が始まるのです。参加しているのは、昼間の敬虔な人たち。お酒を飲んで、タバコを吸って、昼間とはまったく違う姿です。

私は昼夜で違う彼ら彼女らの姿を見て思いました。「ああ、この人たちにとって、巡礼は免罪符なのだ」と。

「巡礼に初めて参加しました」「私は二回目」「ここまで来たんだから、良いことあるかもね」と。

彼ら彼女らにとっては病人と接し、ルルドまで巡礼に来たこと自体に意義があるのでしょう。このようなことはルルドに限ったことじゃありません。

この日本でだって、お遍路姿のまま、順番待ちの行列にズルをして割り込む人を見たことがあります。熱心に神社仏閣へお参りしたって、譲り合う気持ちを持たない人や、ちっとも改心しない人はいるのです。

ドイツには、反ユダヤ主義を掲げた大虐殺というナチスの歴史があります。ドイツはその歴史を教訓としていますが、しかし差別そのものは今もなくなりません。ドイツに留学していた日本人に話を聞くと、日本人だからという理由で差別を受けることは、ドイツでは当たり前だと言います。

アメリカでは、大統領が就任式で聖書に手を載せて宣誓します。それなのに戦争をするなんておかしいではありませんか。

聖書にはこう書かれています。

「悪人に手向《てむ》かってはならない。だれかがあなたの右の頰を打つなら、左の頰をも向けな

さい」（「マタイによる福音書」五章三九節）

「打ち返せ」とか、「打たれる前に相手を打て」なんて、どこにも書いていないのです。

聖書に書かれたことを読み解くと、次のようなことではないでしょうか。

仮に相手に打たれても、相手を屈服させようとする気持ちに歯止めをかけ、抵抗するのではなく受け入れる。さらに「どうぞ、どうぞ」と反対の頬も差し出す。

打ってきた側は反撃すると思っているでしょうから、無抵抗な態度に逆に怖さを感じるでしょう。どういう怖さか。どんな目に遭っても自分の道を進むという強い信念、気迫の怖さです。「戦わない強さ」は、相手に「ああ、これではかなわない」という敗北感を与える力を持っています。

さらにスピリチュアルな視点から言えば、こちらが打ち返したりしなくても、相手はいずれ天から学びを与えられることでしょう。自らが蒔いた種は自らが刈り取る、因果の法則によって。

それを説いている聖書に手を載せながら、武力を誇示するだなんて、本音と建前のギャップがありすぎます。

結局のところ、人というのはそれほど変われないもので、理解するまで何回でも生まれ変わって経験することになるのでしょう。

歴史から学べないままのことはたくさんあります。ただ、経験での学びに加えて、こうしてスピリチュアリズムを学び、検証することで、少しずつでも成長はしているはずです。

この国に生まれた意味

宿命と運命は違います。

運命は自らで切り拓き、変えることができますが、生まれた国、時代、性別などの宿命は変えることができません。変えることができないからこそ、そこに大きな意味があり、人生のテーマもあります。

今の時代に、私たちが日本に生まれたことは宿命です。

日本人は農耕民族で、祈りの文化を持つ民族です。四季を通して作物を大切に育てながら、その実りに歓び、天地に感謝し、静かに生きてきた。狩猟民族とはまったく違う歓びを持つ人たちです。静か動かと問われれば、農耕民族は静で、狩猟民族は動と言えるかもしれません。

この国に生まれ育ったから静の思考になったのかと言えば、そうではなく、どちらかと言えば静の人が日本に生まれたのでしょう。

もちろん動の人が、静の国に生まれることだってあります。そのおかげで、動の自分とは違う静の文化に対する葛藤や反発が生まれ、気づくこともある。

もちろん、静の人が動の国に行き土地の文化に触れて、静という自国の良さがわかることもあるでしょう。グローバリズムで海外に出て日本の良さがわかり、逆にナショナリストになる可能性だってあるのです。

それぞれが持つ人生のテーマは、宿命にあります。

私たちはこの国に生まれ、歴史を知り、他国についても知ることで、自分のたましいと向き合うことができます。

私自身、若い頃はスピリチュアリズムの勉強のために、イギリスによく滞在しました。イギリスの良さを見て、ある種のイギリスかぶれにもなりました。

けれども同時に日本という国や文化を見るようにもなった。イギリスに行き、より「日本の文化を大事にしなきゃいけないな」と思ったのです。

イギリスかぶれだった私が、今では熱海という土地で、日本らしさが詰まった古民家に暮らし、和の世界で生きているわけですから、大きな反動があったと思います。

反動はいいことだし、素晴らしいと思います。それまで知らなかった世界を知るからこそ、反動が起きる。視野が広がるという意味でもあるのですから。

日本は高度経済成長期、ずいぶんとアメリカかぶれになった。それを経た反動か、今は昔ほどアメリカに憧れるアメリカかぶれはいないように思います。「カモンベイビーアメリカ」と歌っている人たちだって、いずれそこから何かを学ぶでしょう。

そういう意味では、いろいろ経験することはやはり大事であって、アレはダメ、コレはダメというような転ばぬ先の杖はいらないのだと思います。

宿命と運命の違いをきちんと理解し、見つめればいいだけです。

運命の法則の使い方

政治家に対して不平や不満を言う人は多いのですが、でもその政治家を政治の場に送り出しているのは選挙民たる国民。一人ひとりが投票をした、その結果が今の政治を作っていることも自覚しなければなりません。

この国はいじめられている。他国が怖いから何も言えずに従っている、と霊界からのメッセージがありました(一一四ページ)。

首脳会談をすれば、相手国に遺伝子組換えトウモロコシを大量に買うことを約束させられ、国際会議に出席すれば、コオロギ食推進を受け入れる。すべては小我。自分のことしか考えない人たちが、いじめに屈してノーと言わないのです。

それが「おかしい」と思うならば、選挙に行って、別の候補者や別の政党に投票するしかありません。

選挙のたびに投票率が発表されますが、驚くほどの低さです。なぜ投票に行かないのでしょうか。

「コオロギを食べるなんて、絶対イヤ!」と本当に思うなら、それを声に出すべきでしょう。それとも、食べ物とも思えない物を食べることに抵抗すらなくなっているのでしょうか。添加物たっぷりの加工食品を「おいしい」と言って食べる人が多いことを考えると、さもありなんとは思いますが……。

　これほど給料が上がらない国も珍しいのに、国民は実に従順です。

　観光地で名物のプリンを食べるために日がな一日並ぶのが、ささやかなお金で楽しめる娯楽。〝映《ば》える〟写真が撮れたと歓んで、あとから見返してその思い出に浸って幸福感を味わう。謙虚なのか、忍耐強いのか、それとも飼い慣らされて「もう、いいや」とあきらめているのでしょうか。

　本当に飢えるところまで行けば、一揆でもなんでもするかもしれません。でもそこまで行く前に、選挙でもなんでも、やるだけやってみてもいいのではありませんか？

　運命の法則を使うチャンスは、今だってあるのです。言い方を換えれば、運命の法則があるから、私たちは選挙に行き、投票をするのです。

　乱暴な言い方に聞こえるでしょうが、無知は罪なのです。自分の無知が、投票率を下げ、食料自給率を下げ、原発再稼働へと舵を切るような今の日本を作ったと、自覚しなければなりません。

　そのことに気づいたら、今の世の中が少しでも「おかしい」と思うなら、声を上げるしかない。

「おかしいとは思うけれど、投票すべき人がいないから選挙に行かない」という声も聞きます。が、「今の政治にノーを突きつけよう」という目線で、投票すればいいのではないでしょうか。それで政権をひとまず代えることだって、できるでしょう。選挙結果を突きつければ、今の政治家たちに反省を促すことにもなるのではありませんか？

これからの日本の運命を変えるのは、やっぱり選挙でしかないと、私は思います。

運命は決まっていません。未来を変えられるのは自分たちでしかないのです。

陰謀論との向き合い方

「まえがき」でも述べましたが、これほど陰謀論が飛び交う時代もないでしょう。

昨今は何かがあるたびに「これは陰謀に違いない」などと、インターネットや雑誌で騒がれます。

でも実際のところ、陰謀なんて珍しくないのです。

テレビのコマーシャルだって、誇大広告とまではいかなくとも商品を良く見せるためのちょっとした演出はされている、〝ちっちゃな陰謀〟と言えます。

以前、こんな悩みをおっしゃる方がいました。

「お隣さんがうちとの境界に置いてある植木鉢を、ちょっとずつ我が家の敷地に押し込んでくるんです。そうやってジリジリと我が家の土地を盗《と》っていくんですよ。どうしたらいいんでしょうね」と。

悩むほどのことではなく、きっちり測量して「ここまでは私の土地です」と主張すればいいだけ。でも、こんなふうに自分の〝領土〟をさりげなく拡大しようとする〝陰謀〟が、ご近所でも繰り広げられているのですから、世の中にどれだけの陰謀があるか。

製薬会社が薬を売るために、空気中に毒を散布して、たくさんの人を病気にさせているという陰謀論がまことしやかにささやかれる一方で、ご近所同士のちょっとした小競り合いの元となるものやコマーシャルの演出まで大小含めれば、世の中は陰謀だらけ。

しょせん人の世。経済至上主義、物質的価値観の世の中では、何があってもおかしくないでしょう。いちいち陰謀論だなんだと、とやかく言うほどの不思議なことは、実は何もないのです。

だからといってこうした陰謀論ブームが、まったく人騒がせだとか、悪いことだとかは思いません。

「陰謀論ブームは、国民が政治家に対して『陰で画策しても、国民はちゃんと見ていますよ』というアピールになるんじゃないでしょうか」とおっしゃる方もいます。

その通りかもしれません。政治家に対する、ちょっとした圧にはなるでしょう。

悪事千里を走ると言いますが、悪いことは必ず白日の下にさらされるものです。それにたましいの行方を考えるなら、あの世に帰ったとき、誰もが自分のしたことを振り返ります。「今だけ・金だけ・自分だけ」の欲に駆られ、陰謀を画策しても、〝死に逃げ〟はできません。

私たちは「さもありなん」で受け止めつつ、かといって陰謀論だと揶揄して終わるのではなく、事実は事実としてしっかりと見ていくことが大事でしょう。

本当の意味での感謝を持つ

水源のある土地が他国に買われることを指摘する人は多いのですが、今までどれだけの井戸を、自分たちで潰してきたのかを反省する人は少ないでしょう。

新しく家を建てるのに、古い井戸は邪魔だからと埋める。あとになって、悪いことが起きると、「あのとき、井戸を潰した祟《たた》りじゃないか」と恐れて、お祓《はら》いだ、なんだと騒ぐ。どこか間違っていますよね？

祟りを気にするのは、畏《おそ》れではなく恐れでしょう。

霊界が指摘するように〝与えられた実り〟を守らなかったことは棚に上げ、悪いことが起きたり、他人に奪われるようなことになったりしてから、アレコレ言い出すのは、実に自分勝手なご都合主義というもの。

土地を潤す水に敬意を払う、本当の意味での畏れや感謝があれば、今ある実りに気づき、守り、活かしていくことができるはずです。

食べ物に感謝するというのは、当たり前なことです。

しかし、「いつも食事のときに、ありがとうという気持ちで食べています」と言う方はいますが、「食べ物への感謝があるので、家庭菜園で土を耕しています」と言う人は、まだ少ないと思います。

そこまでやって、天地への感謝、その恵みのありがたさを心から感じられるのではないかと思うのです。

ミレーが描いた『落ち穂拾い』と『晩鐘』の絵をご存知でしょうか。

どちらも農村の風景を描いた作品です。

〝落ち穂拾い〟とは、稲や麦を刈り取り、集めたあとで、集めきれずに落ちてしまった穂を拾うこと。絵には、一粒、一粒を丁寧に拾う農民たちの姿がそのまま描かれています。また『晩鐘』で描かれるのは、畑で、農作業の手を休めて祈っている農民の姿。

絵に描かれた人々の姿こそが、本来の祈りと感謝の姿であり、生きる姿そのものだと、私は思います。

ただ祈るのではない。自ら耕し、生かされていることに感謝すればこそ、落ち穂拾いをする。晩鐘が聞こえて、作業の手を止めて祈る姿には、今日も一日働けたことへの感謝のみならず、生きられたことへの感謝までもが見て取れます。

今の時代と違って、ミレーが生きた一九世紀半ばは、医学だって十分ではなかったでしょう。生かされていることへの感謝は、常にあったのではないでしょうか。

生きるというのは、実は大変なことなのです。

『シャボン玉』という童謡があります。我が子を亡くした野口雨情が、子どものはかない命をシャボン玉になぞらえて書いた歌詞だと言われています。そう思って歌を聴くと、とても切ない気持ちになるはずです。

命のはかなさを実感していれば、当然、ミレーの『晩鐘』の農民のような気持ちで生きるものでしょう。

私はこれらの絵にこそ、信仰心が表れていると思います。

宗教が〝宗教団体〟として大きくなるにつれ、豪華な神殿が建設されがちです。でも本当はそんな場所に頼らずとも、信仰心を持った暮らしはできる。ミレーの絵はそれを表しているように思います。

土を耕し、作物を収穫して、糧を得て、天の恵みだと心から思うから、落ち穂だって丁寧に拾うのです。ミレーの絵には描かれていませんが、農民たちはきっと子どもを背負いながら、農作業をしているはずです。

祈りや感謝という言葉を口に出すのは簡単ですが、祈りの形や、感謝を言葉にすることより、実践することのほうが大事なのではないでしょうか。

生きる自由を守る

この世にある様々な問題、その裏にある事実まで知ってしまうと、いかにすれば巻き込まれずに生き延びられるだろうかという気持ちになるでしょう。

実はビジネスだと知れば、戦争の定義すら難しくなります。参戦した国の国民は、利権のために命を失うことになるのです。

こんな世の中で、どうやって生き延びるのか。

その答えは、先に述べた五つの神域を持つことでしか得られません。

自分で考え、決めた道を見失わず、自分の幸せを大事にして生きていくこと。それが自分のたましいを汚すことなく生ききって、死んでいける道ではないでしょうか。

今の日本は属国で、存在すら危ぶまれるような状況です。人口だって減っています。

この国を残すとか、日本の文化を大事にとか、それらは重要なことですが、もっと根源的なことを忘れたくはありません。

それは誰であろうが、人が生きる自由に干渉しないでほしいということです。

遺伝子組換え、ゲノム編集、コオロギ、ワクチン、戦争……、まことしやかにささやかれる陰謀論の数々。どこの国の、どんな権力者であろうと、生きとし生けるものに、干渉しないでいただきたい。

本当の意味での自由、生きる自由を、私は、私たちは守りたいだけなのです。

私たちは、この世に生まれたからには、幸せになる責任があります。たましいを輝かせて生きなければならないのです。

未熟なたましいとして生まれ、学び続けている以上、完璧にとはいきません。でも、自らの手で運命を切り拓き、未来をつくっていけば、きっとこの世に、自ら生きた人生に「ありがとう」と言って死ねるのではないかと思うのです。

さぁ、あなたがこれから見たい人生の景色はどんなものでしょうか。

私には私の景色が見えています。責任主体でそれを実践していくつもりです。私と同じ景色をあなたに勧めようとは思いません。なぜなら、あなたにはあなたの幸せな人生の景色があるのですから。

何かに束縛される時代は終わりです。

自分のしたいこと、自分の思う幸せを、もっと大事にしていいのです。

これからはあなたも私も、それぞれの五つの神域で、思う存分、幸せに生きていきましょう。

■参考図書

『日本のエネルギー、これからどうすればいいの？』（小出裕章　平凡社）
『原発事故は終わっていない』（小出裕章　毎日新聞出版）
『売り渡される食の安全』（山田正彦　ＫＡＤＯＫＡＷＡ）
『タネはどうなる⁉』（山田正彦　サイゾー）
「日本の食が危ない！」（文藝春秋　２０２３年４月号）
『マスクを捨てよ、町へ出よう』（井上正康・松田学　方丈社）
『ダーチャですごす緑の週末』（豊田菜穂子　ＷＡＶＥ出版）
『新約聖書　新共同訳』（日本聖書協会）
緊急事態条項の危険性について　https://kinkyujitai.com

カバー写真―HAL KUZUYA
デザイン―ミルキィ・イソベ＋安倍晴美
組版―有限会社一企画

H I R O Y U K I　E H A R A

江原啓之（えはら・ひろゆき）

1964年生まれ。スピリチュアリスト。世界ヒーリング連盟元会員。和光大学人文学部芸術学科を経て國學院大学別科神道専修Ⅱ類修了。一般財団法人日本スピリチュアリズム協会代表理事。吉備国際大学ならびに九州保健福祉大学客員教授。一般社団法人日本フィトセラピー協会顧問。著書に『あなたが危ない！――不幸から逃げろ！』『あの世の歩き方　この世じまいの〝地図〟を手にすればもう迷わない』、共著に『きれいに逝《い》かせてください』ほか多数。

この世《よ》が危《あぶ》ない！

2023年11月30日　第1刷発行
2024年 4 月15日　第4刷発行

著　者｜江原啓之《えはらひろゆき》
発行人｜茂木行雄
発行所｜株式会社ホーム社
〒101-0051　東京都千代田区神田神保町3-29 共同ビル
電話　編集部　03-5211-2966
発売元｜株式会社集英社
〒101-8050　東京都千代田区一ツ橋2-5-10
電話　販売部　03-3230-6393（書店専用）
読者係　03-3230-6080

印刷所｜大日本印刷株式会社
製本所｜株式会社ブックアート

Konoyo ga abunai

Printed in Japan　ISBN978-4-8342-5364-1 C0095

定価はカバーに表示してあります。